園防災新常識

命を守るために、
できることのすべて

危機管理教育研究所
国崎信江 著

メイト

1

アップデート
できている？

防災の

川の様子は見に行かずとも、家の中から状況をチェックできる！

大雨の影響で、たった2分の間で1m以上も川の水位があがった事例もあり、川の様子を直接見に行くのは、大変危険です。国土交通省が運営する「川の防災情報」というサイトを使えば、川のそばのカメラから状況をチェックできます。

詳細は ➡ P.14・P.20

2 地震で「机の下にもぐって！」は走り回る机でケガする危険あり！

固定されていない机は、ゆれによって走り回ることがあります。その机に近づくことは、机の上のものが落ちたり、机そのものにぶつかったりする危険もあるのです。

詳細は ➡ P.36・P.39・P.44・P.70

3 火災時は布で口をふさいで姿勢を低くではなく早歩きですぐ逃げる！

煙の動くスピードは大変速く、口や鼻を覆うためにハンカチを探したり、姿勢を低くしたりすることが、逃げ遅れの原因になってしまう可能性があります。大切なのは、早く逃げること。早歩きで外に出ましょう。

詳細は ➡ P.50

4 頭を守るなら防災頭巾よりヘルメット

防災頭巾には、落ちてきたものから頭を守る効果はあまりありません。ヘルメットを一人一個ずつ用意したいものです。

詳細は ➡ P.48・P.52・P.77

5 避難するときは避難所へだけの選択肢ではたりない

避難所には多くの人が集まるので、子どもたちのための設備が少ないことも。近くの園と避難協定を結ぶなど、選択肢を増やすことが、子どもたちの安全・安心につながります。

詳細は ➡ P.10・P.25・P.42・P.46

2

新常識10

防災についての研究や情報は日々更新されています。身を守るためには新しい情報を得ることが必要です。

強化ガラスや網入りガラスでも風害で割れる

強化ガラスや網入りガラスであっても、強風で飛んできた小さなかわら片で簡単に割れてしまいます。飛散防止フィルムを貼ることはもちろん、より強固な合わせガラスを取り入れてください。

詳細は ➡ P.28

保護者への安易な引き渡しが命とりになることも

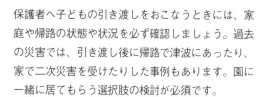

保護者へ子どもの引き渡しをおこなうときには、家庭や帰路の状態や状況を必ず確認しましょう。過去の災害では、引き渡し後に帰路で津波にあったり、家で二次災害を受けたりした事例もあります。園に一緒に居てもらう選択肢の検討が必須です。

詳細は ➡ P.25・P.68

天候がいい日にだけ避難訓練をするのはNG

雨が降ったら避難訓練を中止にする園がありますが、災害はこういう日にも起こり得ます。少しの雨くらいなら実施することで、「雨の対策は充分か?」なども考えるヒントになります。

詳細は ➡ P.54・P.58

園の備蓄は家庭からも個別に集めると安心・安全

家庭に「子どもの預り備蓄セット」を作って持ってきてもらい、園で保管するようにしましょう。それが、アレルギー対策などの子どもの安全や、お気に入りのおかしやおもちゃなどでの園児の心のケアにつながります。

詳細は ➡ P.77

園が避難所に指定されていなくてもなる可能性あり

事前に避難所に指定されていなくても、自治体からの要請で急に避難所に指定されることもあります。「指定されたら?」を考え、ルールを決めておくようにしましょう。

詳細は ➡ P.81

これからの時代に必要な
自分で自分を守る防災力

日本には、災害が起こりやすい条件が詰まっている

日本は災害大国といわれるほど、災害が多い国です。国土の下には大きな4つのプレートが入り組んで存在し、その上には111もの活火山があります。山地の面積が国土の約75%を占めるほど多く、平地が少ないので、埋め立てて人が住むための場所を各地につくっています。埋立地は地盤が弱く、ゆれにより液状化現象が起こる可能性が高いという不安があります。

その上、日本の河川は全長が短く、流れがとても急です。雨が降ると瞬く間に増水し、洪水を起こします。日本の年間降雨量は世界平均の約2倍と多い上に、台風の通り道になっているので、当たり前のように毎年台風がやってきます。

このように、日本は地震とそれに起因する津波や液状化や土砂災害、台風や洪水、火山噴火、雪害といった、世界的にみてもまれなほど多様な災害が多発する危機にさらされているという特徴が

あります。そんな日本で生活する私たちは、「災害がいつ起こってもおかしくない国に住んでいる」という観点で、高い防災意識をもっておかなければなりません。

国土地理院地図〔https://maps.gsi.go.jp/〕をメイト編集部が加工して作成

甚大な災害が起こる可能性はますます高まっている

日本に甚大な被害をもたらすといわれる南海トラフ地震は、過去の災害のデータを分析すると、おおよそ100年から150年の間隔で発生しています。前回の南海トラフ地震は1944年と46年に発生しており、次の南海トラフ地震発生の切迫性が高まっています。もちろん、南海トラフ以外にも巨大地震が起こる可能性は、日本全国であります。

地震だけでなく水害も心配です。地球温暖化により南極の氷が溶け、水位が上昇。その上、気温が高いほどたくさんの海水が蒸発して雲になり、それらが雨となって降ってきます。海水の温度が高くなることで、台風の威力が増すことも考えられます。近年「爆弾低気圧」「スーパー台風」など、数年前まではなかった用語や「想定外」「観測史

上１位」「過去に経験のない」などという言葉が頻繁にニュースで使われるようになったのには、このような背景があるのです。

そうした変化は、日本だけではありません。山火事が世界各地で増えているのも、地球温暖化が一因であるといわれています。スペインでは、直径約10cmもの巨大な雹が降り、当たった子どもが死亡する事故もありました。過去にない災害は世界中で起きているのです。

そのような不測の事態にも、高い危機管理意識と知識があることで対応できる部分はたくさんあります。

少子化により、援助の手が減っていく

そしてもう一つの大きな課題は、少子高齢化が進み、援助の手がたりなくなることです。1973年には200万人以上だった出生数が、2022年には80万人を割りました。下のグラフからもわかるように、2040年には65歳以上の人口が35％以上にもなるとされ、３人に１人が高齢者に。災害では、自衛隊や警察官、役所そしてボランティアの方などが支援をしてくれます。しかし、少子高齢化が進むにつれ、援助が必要な人に比べて、援助してくれる人の数が少なくなります。今までの震災のときと同じような支援があるとは限りません。

だからこそ、これからの日本を生きる子どもたちには、自分で自分の命を守り、生き延びる力をもつことがとても重要になってくるのです。幼児期は、そうした「生きる力」の基盤をつくる時期。避難訓練や防災遊びなどを通して、自分の身を守るための知識を伝えていきましょう。保育者は、子どもたちの命を守ることはもちろん、保育者がまわりや自分の命を守ろうとしている姿を見せることも必要です。それが将来、「家具をどうやって固定する？」「水害が発生したら、どう行動する？」「どんな備蓄品が必要？」などと自分で判断する力になり、誰かを助けることにもつながるでしょう。

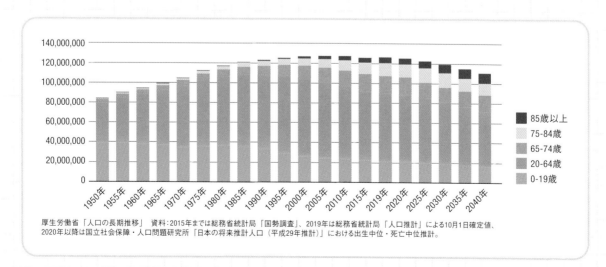

厚生労働省「人口の長期推移」 資料：2015年までは総務省統計局「国勢調査」、2019年は総務省統計局「人口推計」による10月1日確定値、2020年以降は国立社会保障・人口問題研究所「日本の将来推計人口（平成29年推計）」における出生中位・死亡中位推計。

CONTENTS

PART 1
今すぐ確認 情報の集め方と活用の仕方

PART 2
災害別 命を守るためにできること

能登半島地震を受けて
見直したい3つのこと

　2024年1月1日に発生した能登半島地震で亡くなった方のうちの多くが、家屋倒壊による圧死という発表がありました。地震が起きたときに津波の到達が予想されると、救助隊や警察などは救助活動に向かえません。たとえ圧死は免れたとしても、建物から脱出できない状況で津波や火災に襲われたとしたら？　子どもたちの命を預かる園では、耐震性を保つための、定期的な修繕が必須です。

　また、命を守るだけでなく、避難後のことを改めて考えるきっかけにもなりました。気温が低いときの避難では、防寒対策が不可欠になってきます。さらに必要なのが食事。ライフラインが止まり、暖房器具が使用できない中で、冷たい食事をとるとさらに体が冷えてしまうため、温かい食べ物を作れるようにしておきたいものです。

　そして、何より大切なのは、子どもたちの生きる力をつけること。子どもたちが自分の身を守るためのすべを身につけることももちろんですが、いつもと違う環境でも、元気に過ごせる力がとても大切です。被災後に、避難所でいつもと違う食事をとり、トイレを使い、まわりにいろいろな人がいる中で眠らなければならないこともあります。そんなときでも、よく食べてよく眠ることができれば、健康で元気に過ごせることにつながります。そのために必要なのが、様々な経験を積むことです。園でおこなう遠足やお泊り保育も、その一環となります。そうした経験を友達と楽しく積めるようにしましょう。災害では、悲しい思いをする場面がどうしても出てきますが、そうした経験が被災を乗り越えていく力にもなっていきます。

1月9日の避難所・飯田小学校（石川県珠洲市）の様子。昇降口のすぐ近くの広い空間をボードなどで仕切って、避難スペースにしています。

1月9日の避難所・金沢大学能登学舎（旧小泊小学校・石川県珠洲市）の様子。仮設トイレ（奥）が設置される前はため池の水でトイレを流していたので、念のため水をまだ残してあります。

写真提供：危機管理教育研究所

PART 1

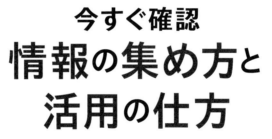

今すぐ確認
情報の集め方と
活用の仕方

災害から身を守るためには、確かな機関からの
情報収集が欠かせません。園の危険を事前に把握しておき、
水害など直前の準備ができる災害では
適切に判断・行動できるような情報収集をおこないましょう。

ハザードマップで
園の災害リスクを知ろう

ハザードマップは、過去の災害と地質的な調査結果を反映して危険区域を示したものです。ハザードマップを読み解くと、自園に必要な防災対策や災害が起きたときの初動対応の仕方が見えてきます。ここで紹介する国土交通省の「ハザードマップポータルサイト」と併せて「地盤サポートマップ（https://supportmap.j-shield.co.jp/）」なども活用し、多角的に災害リスクを調べて園の災害危険度をチェックしておきましょう。

ハザードマップの活用の仕方

1 地区や自園の災害リスクを知る　　2 災害別に避難場所・避難所を確認する　　3 適切な避難経路を探す

4 避難訓練で避難方法も含めて検証する　　5 マニュアルやFMB（ファーストミッションボックス⊃P.60）に反映する

重ねるハザードマップで調べてみよう

国土交通省が運営する「ハザードマップポータルサイト」は、災害の種類（洪水・土砂災害・高潮・津波）を重ねたり、過去の地形を重ねたりして自園の地域の様々な災害リスクを知ることができるサイトです。表示や凡例の解説を見ながら地形の特性などを確認しておきましょう。

➡ **ハザードマップポータルサイト** https://disaportal.gsi.go.jp/

（使い方）
❶ 自園の場所の住所を入れてクリック（現在地や地図から探すでも利用可）
❷ 災害の種類（洪水・土砂災害・高潮・津波）を選択
❸ 地形分類（過去の地形）などを重ねる

洪水に地形分類（過去の地形）を重ねてみると、台地・段丘（オレンジ）、後背低地・湿地（緑）があったことがわかります。重ねることで、避難場所やルートの判断がしやすくなります。

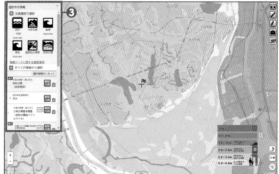

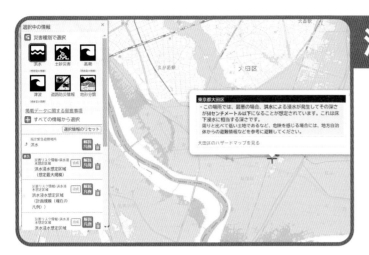

洪水 P.20

　この洪水ハザードマップを見ると、ピンクのところでは洪水による浸水が発生して、深さが50cm以下（床下浸水）になることが想定されます。大雨が降った場合は、川の水位に注意しながら避難の準備をしましょう。大雨の中での移動になる可能性もあるので、緊急避難場所だけでなく、近隣の園やビルに避難することも検討を。

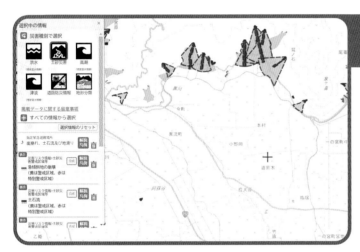

土砂災害 P.30

　土砂災害警戒区域のある地域で土砂災害ハザードマップを見ると、警戒区域（黄）、特別警戒区域（赤）があることがわかります。大雨が数日降り続いたときや、降水量が多いときには、気象情報をこまめにチェックして園周辺の状況を観察しましょう。小石がパラパラ落ちてきたり、川の水が異常に濁っていたり、ゴーという地鳴りがしたら土砂崩れの前兆です。

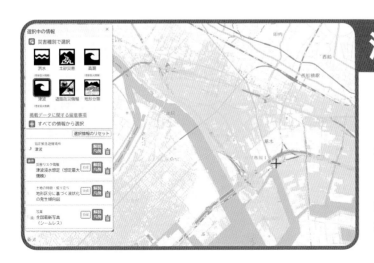

津波 P.48

　この津波ハザードマップでは、津波が発生した際に浸水が想定される区域と水深を色分けしています。黄～ピンク～赤になるにつれ浸水度があがります。津波は地震と密接に関わるため、浸水度が高い地域では、ゆれがおさまったらすばやく避難準備を。津波の到達時間は震源地によって違うため、いくつかの震源地を想定して時間と避難場所を調べておきましょう。

PART
1
今すぐ確認 情報の集め方と活用の仕方

地域のハザードマップを閲覧する
わがまちハザードマップ

市町村が法令に基づき作成・公開したハザードマップへリンクします。

- 都道府県 ⌄ ❶
- 市区町村 ⌄ ❷
- ハザードマップの種類 ⌄ ❸

この内容で閲覧

わがまちハザードマップでもっと細かく見てみよう

調べ方をチェック！

　P.10の「ハザードマップポータルサイト」トップ画面の右側にある、「わがまちハザードマップ」で、自園の住所やハザードマップの種類（洪水・内水・ため池・高潮・津波・土砂災害・火山・地震防災など）を選択すると、各自治体のハザードマップが閲覧できます。地域で起こりうる災害を想定しているので、土地特有のリスクが見えてきます。

〈使い方〉
- ❶ 都道府県を選択
- ❷ 市区町村を選択
- ❸ 災害の種類を選ぶ

内水 ➡ P.24

　内水とは、排水処理しきれない水が逆流してあふれることで、洪水とは条件などが変わります。神奈川県横浜市西区のハザードマップを例にしてみましょう。想定される水深によって、内水浸水想定区域が色分けされています。駅周辺にはピンクや赤の区域があり、1階軒下〜それ以上の浸水が想定されます。大雨の中で避難するときは、内水氾濫も考えましょう。

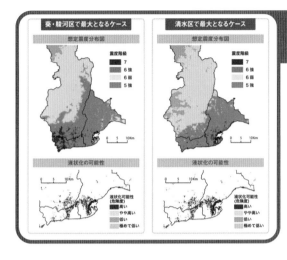

ゆれ・液状化 ➡ P.34
P.39

　静岡県静岡市の防災マップを例にしてみましょう。静岡市への影響が最大となる地震として、「南海トラフ巨大地震」の場合の想定震度分布図と液状化の可能性が掲載されています。場所によって地盤の状況が異なるので、想定される震度や液状化の可能性に差があるのです。被害が大きいと考えられる地域ほど、園舎の耐震補強や家具の固定、液状化の場合は素早く安全な避難の訓練の実施など、対策が必要になります。

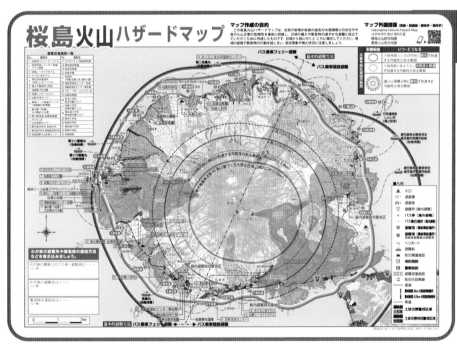

火山

➡ P.52

　鹿児島県鹿児島市の桜島火山ハザードマップを見てみましょう。火山が大噴火をすると、噴石・溶岩流・火砕流・熱風・降灰などを伴います。火山ハザードマップでは、どこの地区にどのような被害を受ける可能性が高いかを示しているので、火山の活動状況に応じて発表される「噴火警戒レベル」に対応して、どのような行動をとるのか、決めておくことが必要です。

災害が起きてしまったら……
キキクルと川の防災情報を リアルタイムで確認しよう!

大雨や洪水による災害の危険が、どのくらいのレベルで迫っているかは、気象庁が発表する「キキクル（危険度分布）」で調べます。さらに、国土交通省の「川の防災情報」も併用して、自園の近くの河川状況を調べ、洪水危険度や氾濫時の浸水範囲をチェックしておきます。

キキクル（危険度分布）

「キキクル」には、「浸水キキクル」「土砂キキクル」「洪水キキクル」があり、川の危険度が黄（注意）・赤（警戒）・紫（危険）・黒（災害切迫）に色分けされているので、状況を把握しやすくなります。色分けの説明がされているので、警戒レベルと見比べながら判断することができます。

キキクルの活用の仕方

1 自分が今どのくらい危ないかを知る

2 逃げるタイミングを考える

3 避難経路を確認しておく

3時間降水量（解析雨量）

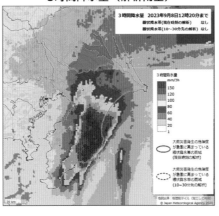

土砂キキクル

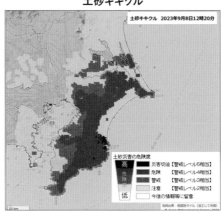

浸水キキクル

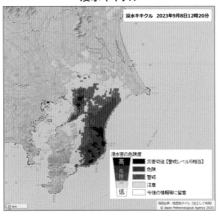

洪水キキクル

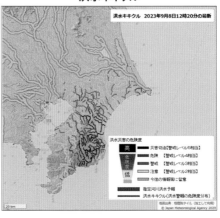

気象庁HP「災害をもたらした気象事例・令和5年台風第13号による大雨」よりキキクルの図を抜粋

5段階警戒レベルを避難の目安に

警戒レベル

1	2	3	4	5
心構えを高める（例：大雨になりそう）	避難行動の確認（例：大雨注意報、洪水注意報）	避難に時間を要する人は避難（例：大雨・洪水警報、氾濫警戒情報）	避難場所などへの避難（例：土砂災害警戒情報、氾濫危険情報）	命の危険直ちに安全確保！（例：大雨特別警報）

　内閣府が発表している「避難情報に関するガイドライン」の方針に沿って、自治体や気象庁などの防災情報が理解しやすくなるように5段階の警戒レベルを明記しています。レベル1・白（早期注意情報・警報級の可能性）から、レベル2・黄（注意）、レベル3・赤（警戒）、レベル4・紫（危険）、レベル5・黒（災害切迫）の順に危険度があがっていきます。

川の防災情報

　国土交通省の「川の防災情報」も、危険を感じたら見ておきたいサイトです。トップページに「ハザードマップポータルサイト」（→P.10）、「キキクル」（→P.14）などへのリンクが並んでいるので、防災情報を集めるのにも役立ちます。観測所の水位やライブカメラ画像、水害リスクラインなど、地域の川の最新状況を確認できます。

雨が降っているときの河川横断図。赤の表示の水位が、通常時よりあがっていることがわかります。

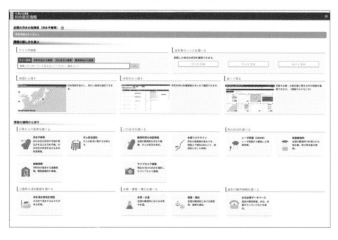

情報収集や通信手段の確保

　災害が起きて、身の安全を確保したあとに適切な行動をとるには、情報収集は欠かせません。日ごろから公的機関の防災関連ウェブサイトをブックマークしたり、防災アプリを登録しておくことも必要です。

　また、保護者や保育者同士、行政などと連絡をとるため、固定電話や携帯電話以外の複数の連絡手段を準備しておきます。過去の災害では LINE などの SNS やトランシーバーアプリなどが活躍しました。電話回線がつながらないときでも、インターネットや Wi-Fi 回線がつながれば使用できます。

＼ おすすめ ／
通信&連絡手段

LINE

　クラス単位、園単位など、使いやすい単位で事前にグループ登録しておくといいでしょう。通常のトーク画面とは別に大事な情報をストック・共有できる「ノート機能」は、災害時には便利です。また、災害時には、安否の状況を一括で知らせることができる機能もあります。

災害用伝言ダイヤル「171」

　大規模災害が発生した際にNTTが提供するサービス。音声を録音・再生できるボイスメールです。登録できる伝言数は 1〜20（災害発生地域により異なる）と限りがあるので、利用時に確認を。固定電話・携帯電話のほか、公衆電話などで使用できます。

携帯型無線機

　職員間の連絡は、トランシーバーなどの携帯型無線機があると便利です。通信距離が 1〜3km程度のデジタル簡易無線局（3R登録局）であれば、免許不要で使用できます。無線機のレンタルサービスもあります。

情報収集アプリもチェック！

防災アプリ「Yahoo! 防災速報」

災害速報や、周辺の被害状況などの情報が手に入りやすいアプリ。災害速報は国の情報とも連携しています。園周辺の災害による想定危険度がチェックできる防災タイムラインや、避難場所リストなどに自園の情報を登録しておけば安心です。

ニュース配信アプリ「NHK ニュース・防災」

NHK発表の最新ニュースを得られます。災害情報やライブ配信など、気になる地域をピンポイントでチェックできます。いざというときのため、みんなで集めた防災アイデアを防災動画としてあげていて、通常時でも利用できます。

ラジオ聴取アプリ「radiko」

スマートフォンやインターネットで、ラジオが聴けるアプリ。ラジオが手元に用意できないときや園外で被災したときでも利用できます。異常気象や災害時には、定時の放送だけでなく随時道路交通情報を提供しています。

各自治体の防災アプリ

避難所情報など各地域の情報を得るには、自治体が作成している防災アプリなどを利用します。その地域へ遠足に行く際にも役立ちます。例えば、東京都公式の東京都防災アプリは、都民に配布されている冊子「東京防災」「東京くらし防災」の内容や災害情報などを搭載しています。

救急救護アプリ「MySOS」

災害時には、消防や警察がすぐに対応できない場合も。アプリをダウンロードしている人に対して、救援依頼を出せます。また、AEDの設置場所や応急手当のガイドなども搭載しており、急病人やケガ人の状況判断、一次救命措置の実施をサポートします。

PART 2

災害別
命を守るために
できること

水害・風害・土砂災害・雷・雪・ゆれ・津波・
火災・火山噴火といった 9 の災害への対策について伝えます。
正しい知識を身につけておくことで、とっさの場面でも
迅速に判断することができます。

園の防災力 チェックリスト

まずは、園や自分自身の防災力を
確認してみましょう。

ハザードマップについて ➡ P.10

- **A** 見たことがない
- **B** 園の危険度の高い災害を把握している
- **C** ハザードマップから、それぞれの災害時の行動や避難（場）所・経路を決めている

回答

災害時の通信手段について ➡ P.16

- **A** 特に何も検討していない
- **B** 散歩中など外出しているときには携帯電話で連絡できるようにしている
- **C** 携帯型無線機（トランシーバー）など、通信がつながらないときの連絡手段も用意している

回答

災害情報を得る手段について ➡ P.14・P.16

- **A** 災害が起きて（危険が迫って）からテレビやラジオ、SNS を確認する
- **B** 防災アプリや自治体のメールを設定し、通知が届くようにしている
- **C** 信頼できる機関から情報を得るための手段を決めている

回答

避難所・避難場所について ➡ P.10・P.25・P.42・P.46

- **A** 自治体から決められた避難所を確認するだけにとどまっている
- **B** 避難する必要性を検討した上で避難場所と避難所を決めている
- **C** まわりの園や児童施設、ビルなどと応援協定を結んでいる

回答

ニュースなどで「大気が不安定」という言葉を聞いたときの行動について ➡ P.14・P.16・P.20

- **A** 特に何もしない
- **B** 定期的に「キキクル」や防災アプリなどで、雨の様子を確認している
- **C** 職員間で対応や備蓄品の確認をしている

回答

大雨のときの道路について ➡ P.25

- **A** 危険な場所を知らない
- **B** アンダーパスや水はけが悪い道など、危険な場所を知っている
- **C** 園の近くの危険な場所を把握して地図に落とし込み、保護者とも共有している

回答

窓ガラスについて ➡ P.28

- **A** 窓に使われているガラスの種類などを把握していないし、対策もしていない
- **B** 飛散防止フィルムを貼り、突風や竜巻のときは窓からはなれる行動をとっている
- **C** 外に面しているすべてのガラスが合わせガラスになっている

回答

遠くに雷鳴が聞こえたときの対応について ➡ P.32

- **A** 遠くの時点では様子を見る
- **B** すぐに部屋の中に子どもを入れるように促す
- **C** 建物の中に避難し、さらに水や電気製品にさわらないように心がけている

回答

建物の安全対策について ➡ P.38

- **A** 建物にひび割れなどがあったり、壁面の塗装がはがれたりしている
- **B** 耐震強度がある
- **C** 天井や壁など、非構造部材も耐震対策をしている

回答

家具の配置について ➡ P.39

- **A** 出入り口部分に倒れる可能性のある家具が置かれている
- **B** ゆれが起きたときに、家具が倒れたり照明が落ちたりしてこない安全な場所が、保育室内にある
- **C** 安全な場所と危険な場所を、子どもたちにも理解しやすいように示している

回答

家具などの固定について ➡ P.40

- **A** 大きな棚は固定しているが、背の低い家具は固定していない
- **B** すべての家具の転倒・落下・移動防止に安全対策をしている
- **C** 家具を固定した上で、棚などから小物が飛び出さないようにしている

回答

散歩中について ➡ P.46

A 散歩中の被災時について、検討をしていない

B それぞれの災害で、危険度の高い場所などは把握している

C 園から公園までエリアごとの避難場所や園にいる職員との対応なども決めている

回答

遠足など遠出するときについて ➡ P.47

A 被災時についての対策は特にしていない

B ハザードマップを確認している

C 下見をして、災害時の対応を検討し、引き取り方法も保護者に伝えている

回答

避難訓練の実施について ➡ P.54・P.60

A いつも決まった条件で、避難訓練をおこなっている

B 「発生したときの時間」「気候」「園長の不在時」など、ときどきにより条件を変えながら、実施している

C FMB（ファーストミッションボックス）を活用して避難訓練をおこない、終わったあとに検証もしている

回答

保護者への引き渡しについて ➡ P.68

A ルールを特に定めていない

B ルールを定めて、引き渡し訓練を実施している

C 「保護者と連絡がとれない」「24時間以上迎えに来ない」などの想定外の状況にも備えて、ルールを決めている

回答

備蓄品について ➡ P.76

A どんな準備が必要かよくわからない

B 食料・水・毛布など、基本的に必要といわれているものを調べて備蓄している

C 定期的に備蓄内容を確認し、預かり備蓄など備蓄方法も検討しながらブラッシュアップしている

回答

被災後について ➡ P.80

A 特に何も決めていない

B 業務継続計画を立てている

C 災害後に連絡すべき機関とその連絡先、受けられる支援の制度などを調べている

回答

ライフライン停止中の食事提供について

A ライフラインが止まったら、食事の提供は諦める ➡ P.82

B 缶詰などといった非常食を準備している

C ライフラインが止まっても、温かい食事が出せるように準備している

回答

被災後の子どもへのケアについて ➡ P.84

A 特に何も検討していない。必要があったときに考える

B 考えられる子どもの被災後の反応について、情報を集めている

C 子どもの不安定な様子への関わり方を知っている

回答

被災後の職員のケアについて ➡ P.84

A 特に何も検討していない。必要があったときに考える

B 自宅や家族などの被災の状況報告を災害対応に入れている

C イレギュラーな対応（遅い時間までの延長保育や、復旧作業など）について、賃金や勤務体制の基本的なルールを決めて、共有している

回答

採点してみましょう
A…0点
B…3点
C…5点

あなたの点数は [　] 点

81点以上	61～80点	31～60点	30点以下
かなり意識的に取り組んでいるようですね。もっと改善できそうなところがないかをこのチェックリストや本文を参考にして、より防災力を高めていきましょう。	ある程度の防災への備えや知識がありますが、まだ不足しているところがあるようです。**A**の部分があれば、園で検討するところからはじめましょう。	まだまだたりない部分が多々あるようです。園としての課題を見つけて、今すぐできることからはじめていきましょう。	園として検討や実施しておくことが義務づけられている部分も、対応できていない可能性があります。命を守るためにも、すぐに園全体で意識を変えることが必要です。

水害

水害の怖さは、判断が遅れるとあっという間に危機的な状況になること。
確かな機関から発表される情報を得ながら、迅速に対応をすることが必要です。

短時間で状況が変化。予測が出たら情報をこまめに確認

雨や川の状況は、瞬く間に大きく変化します。大雨をもたらす積乱雲は、「大気の状態が不安定」な気象条件で発生しやすくなるため、天気予報やニュースで「大気の状態が不安定」というワードが使われていたり、線状降水帯の発生予測が気象庁から発表されたりしている場合は、朝からそのことを職員間で共有します。気象庁の「キキクル」（→P.14）と国土交通省の「川の防災情報」（→P.15）で最新の情報を随時つかみ、避難先や防災用品の確認、保護者への連絡などをおこ

ないましょう。

ハザードマップ（→P.11）を見て、洪水や浸水の可能性が高い地域の場合、大雨が予測されたら浸水防止対策を速やかにすることも大切です。雨が降りはじめたら常に降水量を意識します。局地的な大雨の場合は、自治体から出される避難情報が遅れる場合があるので、自主避難する判断が必要です。

風害・土砂災害・雷も発生しやすくなるので、併せて確認しましょう。

知っておきたい基礎知識

 基礎知識 ## 積乱雲のサイン

大雨は発達した積乱雲によってもたらされるため、積乱雲が発生していることを素早く察知する＝早めの避難行動につながります。下に記した兆候が見られたら、積乱雲による大雨が予測されるため、建物内に避難しましょう。

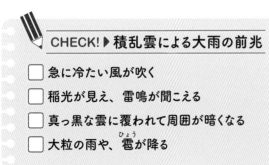

CHECK!▶積乱雲による大雨の前兆

- [ ] 急に冷たい風が吹く
- [ ] 稲光が見え、雷鳴が聞こえる
- [ ] 真っ黒な雲に覆われて周囲が暗くなる
- [ ] 大粒の雨や、雹（ひょう）が降る

基礎知識 線状降水帯とは？

積乱雲は発生してから1時間程度で衰弱するので、単体であれば局地的な被害となります。しかし、地球温暖化の影響で海面の温度が高くなったからか、大量の水蒸気が集まるようになり、次々と新しい積乱雲を発生させるようになりました。

このように次々と発生する発達した積乱雲が列をなし、数時間にわたってほぼ同じ場所を通過または停滞することで作り出される、長さ50〜300km程度、幅20〜50km程度の強い降水をともなう雨域を「線状降水帯」といいます。

気象庁では、線状降水帯による大雨の半日程度前からの呼びかけをおこなっています。予測がむずかしいため、必ずしも線状降水帯が発生するわけではありませんが、線状降水帯が発生しなくても大雨となる可能性が高い状況といえます。

線状降水帯の代表的な発生メカニズムの模式図

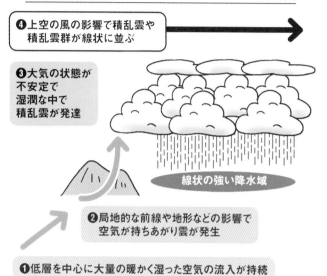

❹上空の風の影響で積乱雲や積乱雲群が線状に並ぶ

❸大気の状態が不安定で湿潤な中で積乱雲が発達

線状の強い降水域

❷局地的な前線や地形などの影響で空気が持ちあがり雲が発生

❶低層を中心に大量の暖かく湿った空気の流入が持続

気象庁の線状降水帯の呼びかけ例

大雨に関する○○地方気象情報 第○号
○年○月○日○○時○分 ○○気象台発表

○○地方では、○日夜から○日午前中にかけて、線状降水帯が発生して大雨災害の危険度が急激に高まる可能性があります。

……（中略）……
【量的予想】
〈雨の予想〉
○日○時から○日○時までに予想される24時間降雨量は、いずれも多い所で、
○○県　　　○ミリ
○○県　　　○ミリ
○○県　　　○ミリ
の見込みです。

線状降水帯が発生した場合は、局地的にさらに雨量が増えるおそれがあります。

……（中略）……
【補足事項】
今後発表する防災気象情報に留意してください。
次の「大雨に関する○○地方気象情報」は、○日○時頃に発表する予定です。

気象庁では、「顕著な大雨に関する気象情報」の発表基準を満たすような線状降水帯による大雨の可能性が高いことが予想された場合に、半日程度前から左のような形で発表をおこないます。

線状降水帯は予測がむずかしい現象であるため、現状では全国を11ブロックに分けた「○○地方」といった広域での呼びかけになっています。しかし、この情報から大雨災害への心構えを高めることが重要です。

タイムラインをつくろう

迅速な避難行動をするために事前に準備を

　水害から身を守るためには、正しい情報を得た上で、早めに避難を開始することが必要です。迅速かつ的確な避難行動をとるため、タイムライン（防災行動計画）をつくり、活用しましょう。防災関係機関からの情報をもとに、災害時に起こりうるあらゆる状況を想定・共有した上で、「いつ」「誰が」「何をするか」を時系列にまとめたものです。これにより、災害情報と連携した対応をおこなうことが可能となります。そして、先を見越して行動できるようになり、被害を最小限にとどめる効果が期待できます。

　ただし、自治体などからの情報は、順を追って発令されるとは限りません。タイムライン通りに行動すれば絶対に安全というわけでなく、あくまで行動の目安としてとらえておく必要があります。

園のタイムライン例（豪雨災害の場合）

警戒レベル	状況	気象庁・自治体の発表	園の行動
1	今後気象状況変化の恐れ	心構えを高める	・集中豪雨の予兆に留意して、気象情報をこまめにチェックする。
2	気象状況悪化	避難行動の確認	・園庭にいる園児を建物内に避難させ、災害発生時の行動に備える。
3	災害の恐れあり	高齢者等避難開始　ここに、乳幼児も含まれます。避難に時間がかかる人（高齢者・障がい者・乳幼児など）と、その支援者はすぐに避難をはじめます	・ハザードマップに基づき、園周辺の土砂災害発生予兆および浸水被害情報に留意し、避難に備える。 ・現在地に災害発生リスクがある場合は、速やかに避難を開始する。
4	災害の恐れ多い	避難指示	・保護者に緊急連絡（電話・メール）をして引き取りを開始。 ・園が指定避難所になっている場合は、避難者の受け入れ準備をする。
5	災害発生または切迫	緊急安全確保	・すべての職員・園児は、すでに安全な場所にいる。 ・園児のケアおよび停電・断水などに備える。

危険な雨量を把握する

　局地的な大雨の場合、自治体から出される避難情報が遅れる場合があります。そのために必要なのが、雨の降り方を見て自分で危険を察知し、身を守る行動です。

　雨量が、下の三つの基準のいずれかを超えたときが、自主避難を判断する目安となります。避難指示などの発令の有無に限らず、危険を感じる場合には自主避難を開始します。

CHECK! ▶ 災害を引き起こす 恐れのある雨量

❶ 連続雨量が100mm、
　かつ時間雨量が30mmを超える
❷ 連続雨量が150mm、
　かつ時間雨量が20mmを超える
❸ 連続雨量が200mm、
　かつ時間雨量が10mmを超える

連続雨量…雨が降りはじめてから現在までの累計の雨量
時間雨量…1時間あたりの雨量
雨量とは、降った雨がどこにも流れ去らずにそのまま溜まった場合の水の深さを表します。

雨量の測り方や目安

　雨量は自分で測ることもできます。開口部から底面までの面積が同じ容器を用意し、外に置いておきます（倒れないように注意）。その観測期間ごとに溜まった雨水を、ものさしで測ることにより観測できます。雨が降ったら、みんなで測ってみるのもおすすめです。

　また、雨の強さごとの受ける印象を知っておくことも、自主避難を判断するヒントになります。

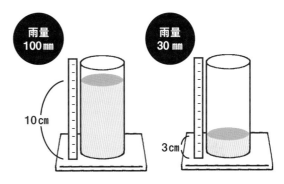

神戸地方気象台のウェブサイトに、ペットボトルを使った、より正確な雨量の測定器の作り方が掲載されています。

➡ 神戸地方気象台「工作：ペットボトル雨量計の作り方」
https://www.data.jma.go.jp/kobe-c/koho/craft/
PETbottleRainGauge.html

時間雨量ごとの雨の強さと降り方

10〜20mm未満
・ザーザーと降る
・地面からの跳ね返りで足元がぬれる
・雨の音で、話がよく聞き取れない
・地面一面に水溜まりができる

30〜50mm未満
・バケツをひっくり返したように降る
・かさを差してもぬれる
・寝ている人の半数くらいが雨に気づく
・道路が川のようになる

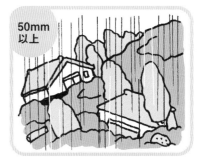

50mm以上
・滝のようにゴーゴーと降り続く
・かさはまったく役に立たなくなる
・重大な災害が発生する恐れがある
・水しぶきであたり一面が白っぽくなり、
　視界が悪くなる

今すぐできること

1 排水処理能力を自治体に確認し、把握しておく

　市街地などで短時間に大量の雨が降ると、排水処理が追いつかずにマンホールなどからあふれ出し、道路や建物が浸水します。これを「内水氾濫」といいます。近年、都市化が進む市街地で、この内水氾濫が増加中。内水氾濫に備えるため、自治体に問い合わせて、地区の排水処理能力を確認しておきましょう。例えば「1時間あたり50mmの降雨に対応している」ということであれば、それ以上の雨が降る場合には冠水するということがわかり、早めの避難行動につなげることができます。また、内水氾濫に対し、大雨や台風の影響で川が増水して堤防からあふれたり、堤防が決壊するなどして起こる洪水を「外水氾濫」といいます。

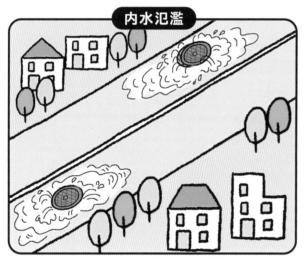

内水氾濫

外水氾濫

2 重要なものほど、高い場所に置く

　園が浸水した際に、どのような被害が出るかを考える中で、ハザードマップで浸水する地域の園では、ふだんから重要なものほど上の階に置いておくことも検討してみましょう。困難な場合も、予報が出たときに重要書類や電気製品は上の階に移動するなど、初動体制についての行動も決めておき、リスト化することが大切です。

CHECK! ▶ 上に置いておきたいもの

- ☐ 園児の個人情報などの重要書類
- ☐ ピアノなど高価な楽器
- ☐ インターネットの接続に関する電子機器
- ☐ 電化製品
- ☐ アルバム
- ☐ 備蓄品や毛布など、避難後に使用するもの

3 避難所までの経路を歩いて確認

ハザードマップで避難所を確認したら、実際に歩いてみましょう。「近道だけど浸水の危険性がある」「避難車を押して歩くのが困難な場所がある」など、地図上では見えなかったことがわかることもあります。近くに大きな河川がないか、河川が増水した場合に安全に橋を渡ることができるか、土砂崩れが起きそうな場所はないかなどを確認し、安全なルートで避難できるようにしておきます。

また、これらの情報は子どもの引き渡しをした際に、保護者に伝えることも大切です。危険な箇所は地図にまとめて共有しましょう。危険のある場合は、園にとどまってもらうことの検討も必要です。引き渡しについてはP.68もチェックしてください。

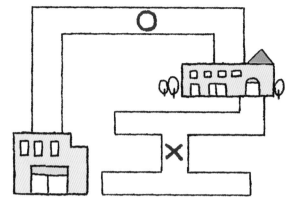

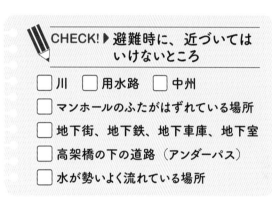

CHECK!▶避難時に、近づいてはいけないところ

- [ ] 川　[ ] 用水路　[ ] 中州
- [ ] マンホールのふたがはずれている場所
- [ ] 地下街、地下鉄、地下車庫、地下室
- [ ] 高架橋の下の道路（アンダーパス）
- [ ] 水が勢いよく流れている場所

4 近隣の園や高いビルにも協力を要請しておく

すでに避難経路が冠水するなどして安全に避難することがむずかしい場合、避難所に行くよりも園舎の2階以上や近隣のビルへ移動するほうが安全なことがあります。テナント管理者などと事前に避難協定を結んでおきましょう。冷静に状況を確認し、どこに避難するか判断をする力も求められます。

また、自主避難をしても、避難所が開設されていないこともあります。そのような場合に備え、近隣の園との協力体制も整えておきましょう。「合同保育」という形にして、子どもたちが安心して過ごせるようにするのもおすすめ。ハザードマップでそれぞれの園の場所、安全性などを確認した上で、いざというときに助け合える関係を築いておくと安心です。

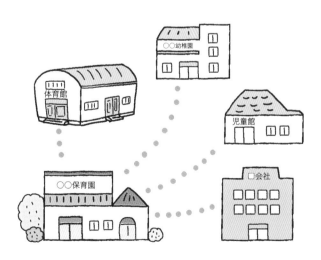

発生直前〜発生後の対応

1 土嚢や止水板などを利用して、浸水を防止する

玄関や掃き出し窓などには土嚢や止水板を置き、水の浸入をできるだけ遅らせることが重要です。

また、中に水を入れて使う「水嚢」もあります。処分に手間や費用がかかる土嚢と違い、再利用でき、保管も楽で中の水も非常用として使えるのでおすすめです。45Lのゴミ袋を2〜3重にして、半分ほどの水を入れて口をしっかり絞ります。段ボール箱に入れれば数個を連結したり、重ねることもできます。

2 側溝や排水溝を掃除して水はけをよくしておく

側溝や排水溝に泥や落ち葉が溜まると、水はけが悪くなり、排水しにくくなってしまいます。園庭はもちろん、園のまわりの道路の側溝に関しても、掃除をしておくと安心です。

3 流されやすいものをかたづける

植木鉢や傘立てなど流されやすいものは、しまっておきます。散歩車なども流されてしまうことがあるので、固定の仕方なども検討しましょう。

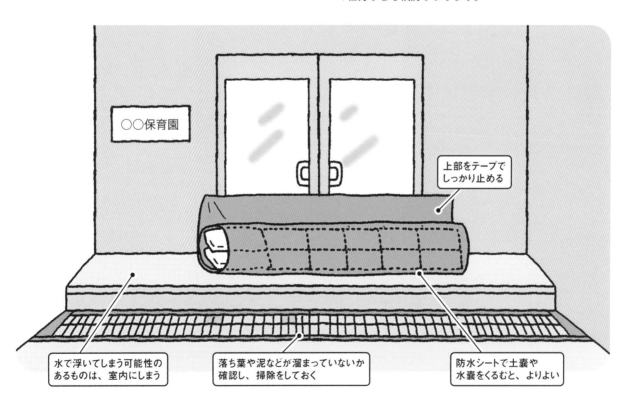

○○保育園

上部をテープでしっかり止める

水で浮いてしまう可能性のあるものは、室内にしまう

落ち葉や泥などが溜まっていないか確認し、掃除をしておく

防水シートで土嚢や水嚢をくるむと、よりよい

4 すべての排水溝を水嚢で覆い、逆流を防ぐ

排水溝から下水が逆流することがあります。水嚢で排水溝を覆うことも必要です。トイレや手洗い場、洗濯機、ランチルームなど排水溝はたくさんの場所にあるので、事前にチェックしておき、すべてを覆いましょう。

5 サッシ部分には吸水できるものを置く

台風で窓サッシから雨が吹き込んでくることもあります。サッシに新聞紙やぞうきんなどを詰める対策をとりましょう。それらよりいいものは、ペットシーツです。日ごろから備えておくのもおすすめです。

ペットシーツなどをサッシの溝に差し込んでおく

ビニール袋を二重にして水を入れた水嚢を排水溝を覆うように置く

6 浸水する前に避難を開始する

浸水して水位が高くなると、歩いて避難することがむずかしくなります。一般的に、成人女性では水深50cm、子どもでは水深20cmで歩行が困難になるとされています。水の流れがある場所では、これ以下でも足をとられる危険性があります。大切なのは、浸水する前に避難することですが、もし浸水がはじまっている場合には無理に外に避難せず、建物の２階以上に移動します。一般的に、女性では水深35cm、男性では水深50cmになると水圧でドアを開けられなくなります。

過去には、２分間で１ｍも水位があがったという報告があります。それほど猶予がないということを考えて行動しましょう。

水の流れによっては、これより浅い場合でも歩行が困難に。特に子どもや高齢者は危険！

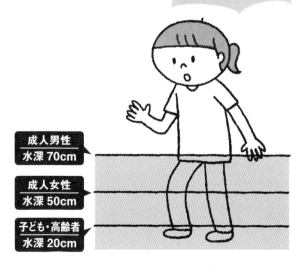

成人男性
水深 70cm

成人女性
水深 50cm

子ども・高齢者
水深 20cm

風害

強風による被害は、台風など事前に対応できるものだけではありません。
窓ガラスなどが割れるとケガにつながるため、予防をしておきましょう。

台風などへはもちろん、急な突風への対策も

　風の恐ろしさは、猛スピードでものが飛んでくることです。木や石やかわらなどが窓ガラスに当たって割れ、破片や飛来物そのものが飛んでケガをしてしまう恐れがあります。事前に窓ガラスに飛散防止対策をしておくことが大切です。

　さらに、台風の場合は事前に休園できますが、急な突風や竜巻などの場合は、園内で園児の安全を守る必要があります。気象庁のウェブサイトにある「竜巻発生確度ナウキャスト」では、1時間後までの発生予測を発表しています。

今すぐできること 竜巻や突風が迫っているサインを知る

　急な竜巻や突風は、積乱雲によって発生します。気象庁では、竜巻注意情報を発信していますが、竜巻注意情報が発表されたとしても、必ず発生するとは限りません。空を見て積乱雲が近づく兆しがないか気にしましょう。

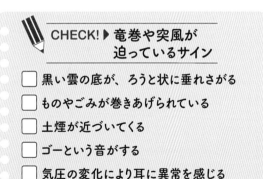

CHECK! ▶ 竜巻や突風が迫っているサイン

- ☐ 黒い雲の底が、ろうと状に垂れさがる
- ☐ ものやごみが巻きあげられている
- ☐ 土煙が近づいてくる
- ☐ ゴーという音がする
- ☐ 気圧の変化により耳に異常を感じる

今すぐ
できること

窓ガラスの防御力を高める

風が強くなる予報が出たときには、雨戸やカーテンを閉め養生テープを貼って、ガラスが割れて破片が飛散することを防ぎましょう。

ただし、急に突風が吹くこともあるので、園の窓ガラスそのものの防御力を高めておくことも検討をしてください。

おすすめなのは、２枚の板ガラスの間に合成樹脂の中間膜をはさみ込んで圧着した合わせガラスです。窓ガラスの買い替えがむずかしい場合は、飛散防止フィルムを貼って対応しましょう。

窓ガラスの対策

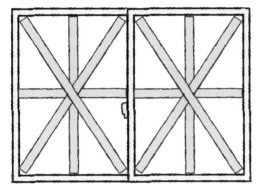

窓の内側から米の字状に養生テープを貼る。

カーテンの合わせ部分や裾をガムテープで固定する。

直後の
対策

発生後は、窓の少ない場所に退避する

竜巻や突風が発生したら子どもたちにはヘルメットとくつを着用させ、トイレなど窓の少ない場所に誘導します。園庭の物置やプレハブなど脆弱な建造物に退避してはいけません。

散歩や遠足で園外にいる場合は、マンションやビルなど鉄筋コンクリートの頑丈な建物に避難し、地下や階段室など、窓のない場所で様子を見ます。駆け込める場所がないときには建物と建物の間にうずくまったり、側溝に身を伏せます。

→ 保護者と共有 ←

風が強いときは、かさを差さない

風が強いときにかさを差して歩くと、風にあおられて足をとられたり、壊れたかさが目に刺さったりする可能性があり、大変危険です。レインコートやポンチョを着用し、かさを差さずに子どもの手をしっかり握って歩くようにします。風が強い場合は、園にとどまってもらうことも提案しましょう。

土砂災害

大雨や地震とともに発生することが多い土砂災害。
ハザードマップなどを確認して、自分の園の危険性を把握することからはじめます。

自治体の判断を待たずに避難を開始する

土砂災害の多くは、大雨が原因で起こります。1時間に20mm以上の強い雨が降ったり、降りはじめからの雨量が100mmを超えると、土砂災害が起こりやすくなるとされています。

土砂災害が起こる危険性のある地区は「土砂災害警戒区域」や「土砂災害危険箇所」に指定されているので、ハザードマップ（●P.11）や国土交通省砂防部のウェブサイトなどで、園や自宅のある地区がこれらに該当しているかを必ず確認しておきましょう。

基礎知識 逃げるときは、流れに直角に

土砂災害は突然起こるため、逃げる余裕もなく一瞬にして建物が土砂にのみ込まれます。土砂が流れる範囲を考え、下には逃げず流れに対して直角の方向に、高いところへ避難するようにしましょう。

また、命を守るには早期避難が重要です。下記のような場合は、避難指示が出る前に、自主的に避難をはじめましょう。

CHECK! ▶ 自主避難の判断の目安

- ☐ 自治体から自主避難の呼びかけがあったとき
- ☐ 自治体から避難準備情報が出されたとき
- ☐ 前兆を確認したとき
- ☐ 近くで土砂災害が起きたとき
- ☐ これまでに経験したことのない豪雨のとき

基礎知識

土砂災害の種類と前兆

　大雨などにより土砂災害発生の危険性が高まると、都道府県と気象庁が共同で「土砂災害警戒情報」を発表します。テレビ・ラジオの気象情報や、気象庁のウェブサイトなどでこまめに確認しましょう。

　土砂災害には、「がけ崩れ」「地すべり」「土石流」の三つがあり、これらが発生するときには多くの場合、何らかの前兆現象があります。災害情報をこまめにチェックするとともに、前兆現象に気づいたら、周囲の状況を確認した上で、いち早く安全な場所に避難しましょう。

がけ崩れ	**地すべり**	**土石流**
山の斜面などが突然崩れ落ちる。	斜面の一部あるいはすべてがゆっくりと斜面下方へ移動する。	山腹や川底の石や土砂が、大雨などによって一気に下流へと押し流される。

【前兆現象】

【前兆現象】
- がけにひび割れができる。
- 小石がパラパラと落ちてくる。
- がけから水がわき出る。
- わき水が止まる、にごる。
- 地鳴りがする。

【前兆現象】
- 地面にひび割れや陥没ができる。
- がけや斜面から水が噴き出す。
- 井戸や沢の水がにごる。
- 地鳴り・山鳴りがする。
- 樹木が傾く。
- 亀裂や段差が発生する。

【前兆現象】
- 山鳴りがする。
- 急に川の水がにごり、流木が混ざりはじめる。
- 腐った土のにおいがする。
- 降雨が続くのに川の水位がさがる。
- 立木が裂ける音や、石がぶつかり合う音が聞こえる。

→ 保護者と共有 ←

避難指示が出たら、園に引き取りに来ないように

　園が「土砂災害危険箇所」にある場合、避難指示が出た時点でお迎えに来ないように伝えましょう。保護者が土砂災害に巻き込まれる恐れがあります。避難場所に直接迎えに来てもらうこと、無理して引き取りに来ないことを伝えるようにしましょう。

避難場所

雷

雷鳴が遠くで聞こえているからといって、近くに落ちないとは限りません。
危険な場所を把握しておき、早めに避難をはじめることが大切です。

雷鳴が聞こえたらすぐに屋内へ

雷は発達した積乱雲によってもたらされます。積乱雲が発達したり、雷鳴が聞こえたりしたらすぐに屋外の行動を中止して建物や車の中に避難します。雷は高いところに落ちやすい性質があるため、散歩や遠足で山頂や尾根など周囲の開けた場所にいるときはすぐに退避しましょう。気象庁のウェブサイトにある「雷ナウキャスト」では、1時間後までの発生予測を発表しています。

お部屋に入って！

ゴロゴロ

今すぐできること ## 外にいるとき

雷でもっとも危険なのは高いものの下に逃げ込むこと。雨宿りのために木の下に入るのではなく、高い木や電柱から4m以上はなれた場所で身を低くします。

海やプールに入っているときは、雷が落ちると感電するおそれがあるため、すぐに水からあがりましょう。

CHECK! ▶ 外にいるときの初期行動

☐ プールや海など、水からはなれる

☐ できるだけ建物の中に入る

☐ 高い木の下や軒先での雨宿りはしない

☐ 電柱や木の先端から4m以上はなれ、45°の範囲内で低い姿勢になる

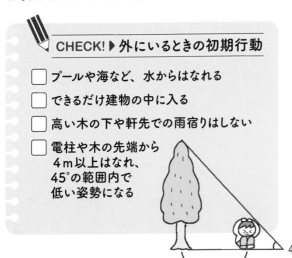

45°

4m以上

今すぐできること ## 屋内にいるとき

屋内にいても、電気配線や配管を通じて落雷の電流が流れてきます。保育者は部屋の中央に子どもを集めて、電気器具や天井・壁から1m以上はなれるようにしましょう。水道管や配管などの金属管を伝わってくる場合もあるので、蛇口にふれないよう手洗いもひかえます。

CHECK! ▶ 屋内にいるときの行動

☐ 高所の電気器具・天井・壁から1m以上はなれた場所の部屋の中央に集まる

☐ 水道管や配管などの金属管にさわらない

☐ 電子機器の電源を切り、電源ケーブルや外部とつながるケーブル類はすべてはずす

※雷サージ対応の電源タップなどをコンセントに取りつけたり、雷サージ保護機能つきの無停電電源装置（UPS）を導入したりするとよいでしょう。

雪

交通機関がマヒした状態で、子どもたちや職員が帰宅するのは大変危険です。
雪が収まったあとも危険が隠れているので、しっかりと点検をしましょう。

交通機関がマヒする恐れあり。早めに判断を

大雪になりそうになったら最新情報をこまめにチェック
し、電車やバスが動かなくなるなど、交通機関がマヒして
しまう前に、早めに保護者にお迎えをお願いしましょう。
立ち往生や通行止めなど道路状況によっては、園にとど
まってもらうことも必要です。気温が低い日は、水道管が
凍結する恐れがあるため、夜間も水を流し続けるなど対策
もしましょう。

今すぐできること 子どもが来る前に園庭の点検を

雪が落ち着き、晴れた日こそ危険が隠れています。子どもた
ちが園庭に出る前に、下記のような部分がないか点検しましょ
う。危険のある場所には、立ち入り禁止とわかるようにしてポー
ルなどで囲み、子どもたちにも近づかないように伝えます。

 CHECK! ▶
点検し、立ち入り禁止に
するところ

- [ ] すべりやすいところ
  （アイスバーンやマンホール）
- [ ] 軒先の下
  （つららや雪のずり落ちに注意）
- [ ] 溝になっているところ
  （落ちないように注意）

はいらない

はいらない

はいらない

ゆれ

突然やってくる地震から身を守るためには、日ごろの対策がとても大切。
どんな状況であっても判断できるような、想定もおこないましょう。

行動はシンプルにし、事前の環境整備を徹底する

地震は、突然やってきます。大切なのは、ふだんから対策をしっかりとっておくことです。子どもたちが長い時間過ごす保育室には、不要なものを置かないようにします。固定されていないものは、大地震ではすべて凶器になり得ると考えて園内・園庭を見直し、大きな家具などが倒れないように、ものが飛び出してこ

ないように、万一飛び出してもケガにつながらないように、と対策を徹底しましょう。

強いゆれが発生した場合、二次災害として、津波や火災、土砂災害などが起こる危険性もあります。併せて確認しておきましょう。

知っておきたい基礎知識

基礎知識

保育者の基本行動

初動対応はむずかしくあれこれ考えても、その通りにはいかないものです。極めてシンプルに、覚えやすくしておきましょう。地震が起きると、つい「地震！」と大声を出してしまいがちですが、「地震だ、地震！」と何回も強調して子どもの緊張を高めないように。「地震！」は1回で、あとは子どもの行動につなげる「ダンゴムシ！」「棚からはなれて！」「窓からはなれて！」など、具体的な指示を出すように努めましょう。

まずはこの3原則

● **はなれて**
自分の体を守るため危険なものからはなれる

● **守って**
素早い指示・行動で子どもを守る

● **生き延びる**
救助・避難・ケガの手当てなど、迅速で適切な行動で生き延びる

具体的な言葉かけを

✕ 地震だ！ → **◯ ダンゴムシ！ 棚からはなれて！**

子どもの基本行動

基礎知識

子どもたちにも、地震が起きたときにどのように行動すべきかを伝えておきましょう。下記のような「い・か・あ・し」をマスターし、命を守る行動をとります。避難訓練のときに、「いかあし」と声に出しながら動くと、言葉と行動が一致していきます。

また、はだしでは絶対に動き回らないことも大切です。子どもたちにくつをはかせてから移動しましょう。すぐにくつが取り出せないときは、上に厚いマットや硬い絵本を敷き、その上を歩くようにします。

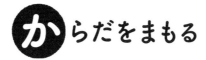

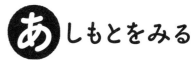

危険な場所から移動。棚の近くにいるときは、倒れやすい方向の「横」に逃げるようにする。

安全な空間で体を守る姿勢をとる。近くに絵本やぬいぐるみなどがあれば、それで頭を守る。

ゆれがおさまったら動く前に足元を確認してケガ防止。

ケガや動けないときなど困ったことが起きたら大きな声で知らせる。困ったことがなければ「無事です」と知らせることも大切。

ダンゴムシのポーズ®も練習しよう

ダンゴムシのポーズ®とは、まわりに頭を守るものがなくても、よつんばいになって手で頭を守るための方法です。子どもたちには、「ダンゴムシさんのように体を丸めながら、手で頭を守りましょう」と伝えると理解しやすくなります。

タイムラインをつくろう

頭に入れておき、すべての保育者が動けるように

　災害時の初動対応は、事前に頭に入れておかないと、いざというときに動けません。全員が覚えられるようシンプルな行動にまとめて、共有をすることが必要です。右のような図にして、ポケットに常備したり、目につく場所に貼ったりして、日常的に確認できるようにしましょう。ファーストミッションボックス（→P.60）も併せて活用します。さらに、初期行動でやってはいけないことも確認をしましょう。

CHECK! ▶ 初期行動でやってはいけないこと

- ✕ ブレーカーをあげて通電させる
- ✕ 電気のスイッチを入れる
- ✕ 火をつける（火災や爆発の危険がある）
- ✕ エレベーターを使用する
- ✕ はだしやくつ下で歩き回る
- ✕ 避難に車を使う
- ✕ 下敷きになっている人を一人で助けようとする

「机の下に避難」「園庭に避難」で本当に大丈夫？

　マニュアルをつくるときに、「地震が起きたら机の下にもぐる」「ゆれがおさまったら、園庭に集まる」ということを定めている園も多いと思います。しかし、本当にそれでいいのか、考えたことはあるでしょうか？

　右の写真は、熊本地震の被害にあった園の写真です。上の写真からわかるように、地震のときは机が激しく走り回る上に、動き方は予測不可能です。そのように激しく動く机にもぐろうとするときに、頭や顔を強く打ち、ケガをしてしまうことが考えられます。

　また、下の写真のように地震によって園庭の地盤が崩れてしまう可能性があります。地盤の状態がよくない園庭に避難してしまうと、最悪の場合は余震により、子どもたちや保育者が溝に落ちてしまうかもしれません。そうならないためにも、園庭の地盤の状態を確認し、園庭の地盤に不安があるのなら、近くの小学校や公園などに避難することを検討しましょう。耐震補強がしっかりとされているのなら、ホールに避難することもいいかもしれません。

机はこんなに動く！下にもぐろうとするときに、頭や顔などを強く打つ可能性あり

園庭の地盤がゆるいと地割れや液状化してしまう可能性あり。子どもたちがここに避難して大丈夫？

写真提供：上／益城町立第三保育所・下／なのはな保育園（熊本県上益城郡）

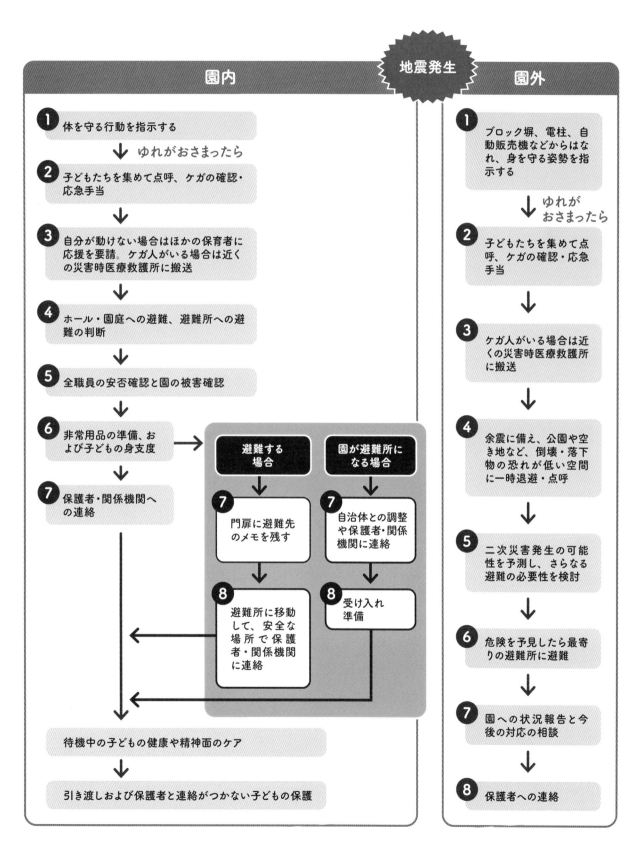

地震発生

園内

① 体を守る行動を指示する

↓ ゆれがおさまったら

② 子どもたちを集めて点呼、ケガの確認・応急手当

↓

③ 自分が動けない場合はほかの保育者に応援を要請。ケガ人がいる場合は近くの災害時医療救護所に搬送

↓

④ ホール・園庭への避難、避難所への避難の判断

↓

⑤ 全職員の安否確認と園の被害確認

↓

⑥ 非常用品の準備、および子どもの身支度

↓

⑦ 保護者・関係機関への連絡

避難する場合

⑦ 門扉に避難先のメモを残す

↓

⑧ 避難所に移動して、安全な場所で保護者・関係機関に連絡

園が避難所になる場合

⑦ 自治体との調整や保護者・関係機関に連絡

↓

⑧ 受け入れ準備

待機中の子どもの健康や精神面のケア

↓

引き渡しおよび保護者と連絡がつかない子どもの保護

園外

① ブロック塀、電柱、自動販売機などからはなれ、身を守る姿勢を指示する

↓ ゆれがおさまったら

② 子どもたちを集めて点呼、ケガの確認・応急手当

↓

③ ケガ人がいる場合は近くの災害時医療救護所に搬送

↓

④ 余震に備え、公園や空き地など、倒壊・落下物の恐れが低い空間に一時退避・点呼

↓

⑤ 二次災害発生の可能性を予測し、さらなる避難の必要性を検討

↓

⑥ 危険を予見したら最寄りの避難所に避難

↓

⑦ 園への状況報告と今後の対応の相談

↓

⑧ 保護者への連絡

ゆれ 園内

今すぐできること

1 定期的な点検で、耐震性を維持する

園舎の耐震性は防災の礎。充実した訓練や質の高い防災教育をしたところで、園舎の耐震性が低ければ、保育者や子どもの命を守れません。建築基準法の新耐震基準で作られているかも重要な点であり、1981年5月以前に建てられていれば、耐震診断が必要です。また、財務省令に基づく、建物の用途構造別の園舎の法定耐用年数は、鉄筋コンクリートなどで47年、木造で22年。1981年5月以降であっても定期的な修繕をしていなければ耐震機能は低くなります。

まずは、下記項目についてチェックし、気になる場合は自治体に相談を。国や自治体による補助や融資の様々な支援策があるので、活用して早めに補強・改修をしましょう。

また、施設の安全は建物の耐震化だけでは不充分です。大規模地震では、天井材・外装材・内装材・窓ガラス・照明器具・家具といった「非構造部材」の被害が発生します。文部科学省の「学校施設の非構造部材の耐震化ガイドブック」に被害事例や点検と対策、助成制度などについての詳しい情報が記載されています。

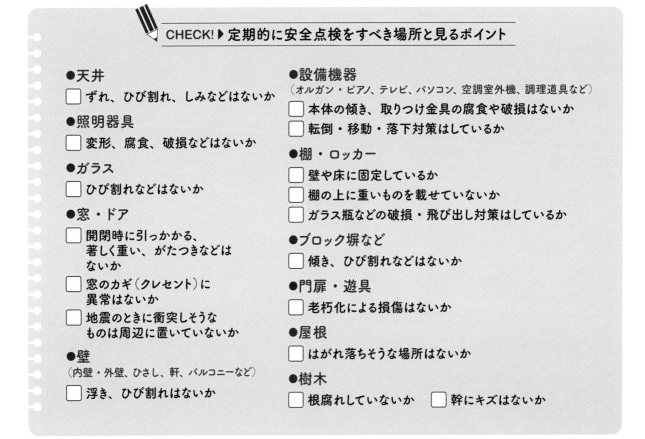

CHECK!▶ 定期的に安全点検をすべき場所と見るポイント

●天井
☐ ずれ、ひび割れ、しみなどはないか

●照明器具
☐ 変形、腐食、破損などはないか

●ガラス
☐ ひび割れなどはないか

●窓・ドア
☐ 開閉時に引っかかる、著しく重い、がたつきなどはないか
☐ 窓のカギ（クレセント）に異常はないか
☐ 地震のときに衝突しそうなものは周辺に置いていないか

●壁
（内壁・外壁、ひさし、軒、バルコニーなど）
☐ 浮き、ひび割れはないか

●設備機器
（オルガン・ピアノ、テレビ、パソコン、空調室外機、調理道具など）
☐ 本体の傾き、取りつけ金具の腐食や破損はないか
☐ 転倒・移動・落下対策をしているか

●棚・ロッカー
☐ 壁や床に固定しているか
☐ 棚の上に重いものを載せていないか
☐ ガラス瓶などの破損・飛び出し対策はしているか

●ブロック塀など
☐ 傾き、ひび割れなどはないか

●門扉・遊具
☐ 老朽化による損傷はないか

●屋根
☐ はがれ落ちそうな場所はないか

●樹木
☐ 根腐れしていないか　　☐ 幹にキズはないか

2 家具の配置を見直し、避難場所・避難路を確保

　地震が起きたら室内のものがどのような動きをするかをイメージし、室内ではまわりに家具などがない空間をつくることも大切です。そして、危険な場所には「あぶない」ステッカーを、安全な場所の床には「あつまれ」ステッカーを貼り、危険と安全を見える化しておきます。

　さらに、地震が起きたらすぐに「あつまれ」のスペースに集まるように子どもたちと訓練しておきましょう（➡P.70）。安全なスペースを作っておくことで、机の下にもぐる必要がなくなります（➡P.36）。

　また、ドアの前には家具を置かないようにし、複雑な動線にならないよう、まっすぐに外に出られる空間を確保するように努めましょう。

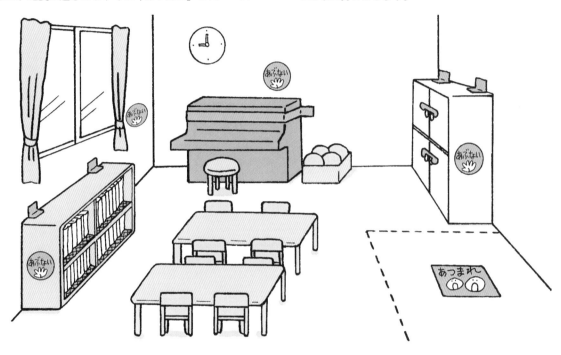

液状化する可能性のある地域では、早めに避難を

　ゆれにより地面が液状化した場合、建物が傾いてしまう危険性が高いので、早い段階で避難する必要があります。

　外に出て避難する場合は、かさなどを杖代わりにして、足元の様子を確認しながら進みましょう。写真のようにマンホールなどが浮きあがったり、電柱が傾いていたり、橋や堤防が崩壊したりといったことが考えられるので、ハザードマップを見て液状化する可能性がある地域は、避難場所・経路も一緒に検討することが必須です。

能登半島地震後の石川県七尾市の様子

写真提供：危機管理教育研究所

3 家具の固定を徹底的におこなう

大きな家具が倒れたり、動き回ってしまったりすることは、非常に危険です。できる限り壁や床などに固定をしましょう。移動したい事情がある場合は、取りはずしができてくり返し使える、ジェル状の固定具を使用します。

また、家具を固定すればするほど、中身が飛び出してしまいやすくなります。予防のために、扉にストッパーをつけたり、すべり止めの上にものを置くようにしましょう。棚の中身は、重たいものは下に、軽いものは上に置きます。

さらに、花瓶や水槽などは落ちて割れると大変危険。ガラスではなくアクリル素材のものを使用するなど、工夫をすることも大切です。

ただし、これらの対策は、命を必ず保障するものではなく、あくまで身を守る時間をかせぐためのものです。地震が起きたら、すぐに身の安全を確保しましょう。

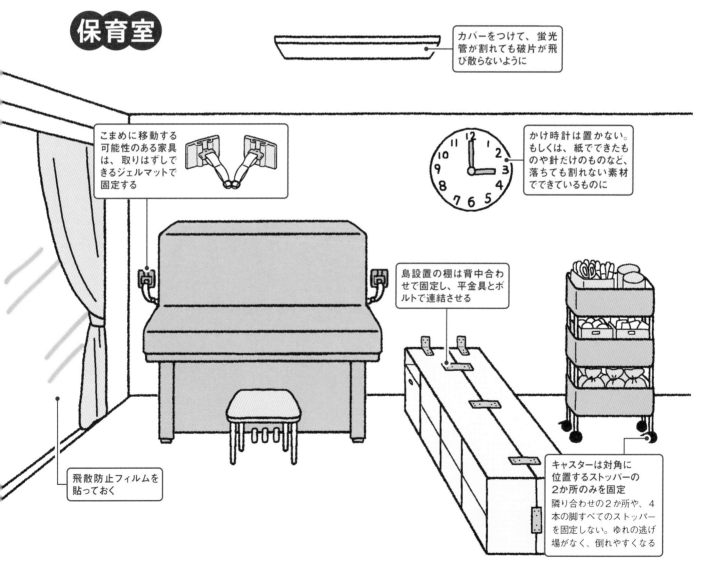

保育室

カバーをつけて、蛍光管が割れても破片が飛び散らないように

こまめに移動する可能性のある家具は、取りはずしできるジェルマットで固定する

かけ時計は置かない。もしくは、紙でできたものや針だけのものなど、落ちても割れない素材でできているものに

島設置の棚は背中合わせで固定し、平金具とボルトで連結させる

飛散防止フィルムを貼っておく

キャスターは対角に位置するストッパーの2か所のみを固定
隣り合わせの2か所や、4本の脚すべてのストッパーを固定しない。ゆれの逃げ場がなく、倒れやすくなる

突っ張りポール、正しく使えていますか？

家具の転倒防止対策として、突っ張りポールを使っている園も多いことでしょう。突っ張りポールの効果を充分に発揮するには正しく使う必要があります。以下のポイントをチェックし、管理できないならほかの手段を検討しましょう。

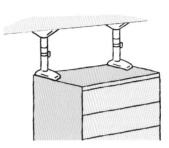

- [ ] 棚の両端につける　　[ ] 壁寄りにつける
- [ ] 長くしすぎない　　[ ] 1か月に一度、ゆるみを直す
- [ ] 棚の上面や、天井の強度が低い場合は板をかませる
　（地震の際、突っ張りポールが棚や天井を突き破ることがあるため）

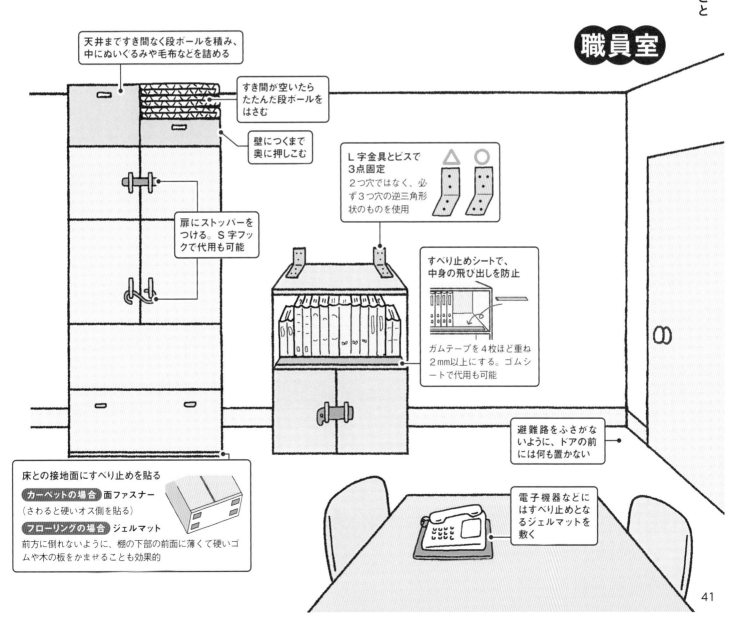

職員室

天井まですき間なく段ボールを積み、中にぬいぐるみや毛布などを詰める

すき間が空いたらたたんだ段ボールをはさむ

壁につくまで奥に押しこむ

扉にストッパーをつける。S字フックで代用も可能

L字金具とビスで3点固定
2つ穴ではなく、必ず3つ穴の逆三角形状のものを使用

すべり止めシートで、中身の飛び出しを防止

ガムテープを4枚ほど重ね2mm以上にする。ゴムシートで代用も可能

避難路をふさがないように、ドアの前には何も置かない

床との接地面にすべり止めを貼る
カーペットの場合　面ファスナー
（さわると硬いオス側を貼る）
フローリングの場合　ジェルマット
前方に倒れないように、棚の下部の前面に薄くて硬いゴムや木の板をかませることも効果的

電子機器などにはすべり止めとなるジェルマットを敷く

41

無理に園に向かわずに、安全な場所に避難を

登園・降園

基本行動（保護者に事前に伝えておく）

❶ **安全な場所で一時避難**

❷ **無理に園に向かわないで身の安全を優先してもらう**

突然被災しても、安全な場所で一時避難できるよう、P.46で確認するような危険な箇所と一時避難場所や指定避難所・広域避難所・消防水利・医療救護所などを描いた地図を保護者とも共有しておきましょう。地震による家屋や塀の倒壊や車の渋滞などで通行がむずかしくなることが予想されるので、無理に園に向かわずに身の安全を優先してもらいます。

園バスで被災したときの対応

通園バスの中で地震が起こったときは、右記のような手順で避難しましょう。路上に置いた車からはなれるときはドアロックはせずに、車のキーをつけたままにします。緊急車両・救護車両の通行の妨げにならないように、誰でも移動できるようにするためです。

また、東日本大震災では、倒壊の恐れがある園舎から、園バスの中に避難して保護者のお迎えを待った園もありました。応急手当用品や情報を受信・発信できる機器など災害時に必要なものをバスに積んでおきましょう。さらに、バスで被災した場合の保護者への連絡手段や引き取りの方法などは決めておき、保護者とも共有しておくことも必要です。

園バスで被災したときの流れ

❶ ハザードランプをつけながらゆっくり車の速度を落とし、道路左側に一旦停止。エンジンを切り、ゆれがおさまるのを待つ。

❷ 近くに駐車場や空きスペースがあれば駐車をする。

❸ 子どもたちを落ち着かせる。

❹ 正確な情報を把握するためにラジオをつける。

❺ 防災無線や携帯電話で園と連絡を取り、乗車人数・周辺の状況を報告し、避難方法を確認する。

❻ バスを降りて避難する場合は、路肩や駐車場に停めたら施錠してキーはつけたままにし、フロントガラスなど目立つところに避難場所を書いた紙を貼る。

❼ 必要なもの（車検証を忘れずに！）を持ってはなれる。

遊具からはなれた安全な場所にみんなを集める

外遊び中

基本行動

❶広いところ、開けたところに集合する
「隠れていないで集まれ！」「ここに集まれ！」

❷体を守る体勢をとる
「ダンゴムシ！」「クロスのポーズ！」

❸点呼をおこなう（人数確認→一人ひとり名前の確認）

　遊具は定期検査をしていても、ゆれによって固定した部分が浮きあがります。園舎の近くは、屋根や壁材が落ちると危険です。外遊び中にグラッときたら、子どもたちを素早く園舎や遊具からはなれた園庭の安全な場所に集め、ダンゴムシのポーズ®（➡P.35）やクロスのポーズ（➡P.47）などで身を守らせます。恐怖感のあまり遊具の中や、倉庫の脇などにとどまってしまうことがあるので、「隠れていないで集まれ！」と呼びかけましょう。ゆれがおさまったら、必ず点呼を。人数のあとに、名前の確認をおこないます。

素早い集合と点呼をみんなで練習しておく

　外遊びでは子どもたちが広い範囲に広がるため、夢中になってなかなか保育者の声に気づかないことやどう動けばいいのかわからないことがあります。ゆれを感じたら、自分でも安全なところに向かい集合できるよう、訓練をしておきましょう。慣れてきたら、抜き打ちでおこなうのもいいでしょう。

　また、人数は「5人ずつ」や「3人ずつ」など、まとめてかぞえると素早く確認できます。ふだんの遊びの中で「5人！」と言ったら、5人組をつくってしゃがむ練習をしておきましょう。

　そして大切なのは、保育者は必ずポケットの中に今の園児名簿を入れておくこと。休みの子や途中で早退した子がいる場合は、必ず職員全員で共有して、メモをとっておきましょう。早退した子を行方不明者と勘違いして探し続けてしまうことになり、次の行動の遅れにつながります。

訓練の流れ

❶外遊び中に訓練することを子どもたちに伝えておく。

❷保育者は遊びに夢中になっているタイミングで笛を吹き、「地震です。地震の訓練です」と訓練がはじまったことを伝える。

❸「集まれ！」と集合をかけたときに、遊びをやめない子やキョロキョロしている子などがいないか様子を観察する。

❹遊具には保育者がつき添い、慌てて動いてケガをしないように支援する。

❺集まったら点呼。

❻危険な場所からはなれることや、保育者が近くにいなくても自分で集合すること、隠れてはいけないことなどを伝える。

グループをつくる練習

保育者が「5人！」と言ったら、子どもたちは5人組をつくってしゃがみます。日ごろのすき間時間に、練習をしておきましょう。

食事中 皿や汁物などが危険！
テーブルから素早くはなれる

基本行動

❶テーブルからはなれる
「テーブルからはなれて！」「ここに集まれ！」

❷体を守る体勢をとる
「ダンゴムシ！」「座布団をかぶって！」

❸点呼をおこなう（人数確認→一人ひとり名前の確認）

　食事中は食器や熱い汁物などがテーブルに並んでいるため、それらが飛んでくる危険があります。食事をすぐにやめ、テーブルからはなれるように指示しましょう。椅子に座布団を敷いていれば、それをかぶって身を守ります。ゆれがおさまったら割れた食器やこぼれた汁でケガをしないように注意を促します。ポットなどはすべり止めマットを敷く、ワゴンはキャスターを対角でロックをかける（➡P.40）などで常に対策しておきましょう。

調理中に地震が起きたら

基本行動

❶調理室から一旦はなれる

❷ゆれがおさまったら火を消し、ガスの元栓を閉める

❸関連地震（余震）に注意して、調理室には戻らない

　調理中に地震が起こったときに、もっとも優先すべきなのは、倒れそうなものからはなれることです。最近のほとんどのガス機器には、マイコンつきガスメーターが設置されていて、震度5以上のゆれを感知すると自動でガスをシャットダウンしてくれます。そのため、火を消すのはゆれがおさまってからでも大丈夫です。調理室は調理器具が飛び、食器棚が倒れる危険な場所と認識して、無理な行動はしないようにしましょう。火災が起きた際の対応は、P.50に記載しています。また、被害を減らすためには、右記のようなことをチェックしましょう。

**CHECK! ▶ 調理室の被害軽減
チェックリスト**

●ルートの安全
☐ 4S（整理・整頓・清掃・清潔）の実施

●転倒防止対策
☐ 床固定器・壁固定器・
　棚連結器などで設備を固定

☐ 固定器のさび・腐食・
　ぐらつきなどの定期点検

> どこにあるのか周知徹底し、災害時にはすぐに落とす

☐ ガス栓・ブレーカーの位置確認

●棚からの飛び出し防止対策
☐ 扉にストッパーをしているか

☐ 棚板にすべり止めシートを設置

●エネルギー源の多重化
☐ 調理機器の熱源を多重化（電気・ガス）

☐ 非常用電源（発電機・ガスなど）の設置

午睡中

布団や毛布で身を守り、避難するためのものを着用

基本行動

❶布団や毛布をかぶって身を守る
「起きて！」「布団をかぶって！」「毛布で体を守って」

❷上着・くつ・ヘルメットを着用する
「すぐに上着を羽織って、くつをはいて」

❸安全な場所に避難する

　ゆれを感じたら、すぐに布団や毛布をかぶって体を守るよう子どもたちに指示します。寝ぼけている子や泣き出す子、慌てて走り出す子も出てくるので、保育者が布団をかぶせて体を守るようサポートを。保育者も身近にあるもので体を守りながら、子どもたちの周囲に倒れるものがないか確認し、危険な場所にいる子どもはすぐに移動させましょう。ゆれがおさまったら自分や子どもにケガがないかを確かめます。

　安全を確認したら、周囲の被害状況から保育室にとどまるか、園庭やホールに避難するかを判断します。その間、パジャマの場合は上に服を羽織り、くつをはき、ヘルメットをかぶらせてから移動しましょう。

災害時を考えて、午睡を見直す

　午睡中は無防備な状態なので、迅速な対応がむずかしいことを認識して、できるだけ安全な空間にするよう心がけましょう。布団を敷くスペースは、倒れてくるものや落ちてくるものがないか、確認します。ロッカーや棚は造りつけだから大丈夫だと考えず、その上に置かれているものが飛んでくるかもしれないというイメージをもつことが大切です。

　また、津波や土砂災害の危険がある地域では避難に一刻の猶予もありません。そのような立地の園では、パジャマに着替えずに、ふだんの服のまま午睡をとるのも一案です。

　そして、午睡中にも避難訓練をおこなっておきましょう。訓練の目的の一つとして、「誰がどのような反応をするか」「起きてすぐに先生の指示通りに動けるか」という点を観察することがあります。上着やくつを身につけるまでに要する時間を計り、もたもたしてしまう場合は子どもたちの負担を軽減する対策を検討しましょう。

**CHECK! ▶ 午睡中の被害軽減
チェックリスト**

●布団の配置

☐ 棚が倒れたり、ものが
落ちたりしてこない場所か

☐ 寝ぼけていても、友達を
踏みつけないレイアウトか

（上記のイラストのような斜めの配置がおすすめ）

●避難時に必要なものの配置

☐ パジャマの上に羽織るもの

☐ 上ばきやくつ

☐ ヘルメット

ゆれ 園外

今すぐできること

1 300m おきに危険箇所をチェックし、避難場所を決める

屋外にいるときに災害に見舞われることほど恐ろしいことはありません。園内にいるときに比べて一層対処がむずかしくなるという認識をもち、右記のようなことを確認しておきましょう。

地震の発生後は、通信が混雑し、連絡がとれなくなってしまうことが考えられます。右記のようなことを決めて園内で共有しておくことで、「出発した10分後だから、○○駐車場に避難しているはず」などと、どこにいるのかを予測できるため、援助の対応がしやすくなります。

散歩ルート内を点検する手順

❶園から目的地まで歩くルートを300mごとに区切る。

❷それぞれのゾーン内で、発災時の危険箇所を確認する。

❸それぞれのゾーン内で、ゆれが起きてすぐに向かう危険の少ない一時避難場所を決める。

❹それぞれのゾーンで被災した場合の避難先を決める（園に戻る、公園や避難所に行くなど）。

❺それぞれのゾーンを通るのにかかる平均時間を計る。

Aゾーン

かわらが落ちてくるかも

ブロック塀が倒れるかも

スタート

駐車場は一次避難場所にできそう？

CHECK! ▶ 散歩中の危険なもの

☐ 電柱　☐ 信号機　☐ 街灯

☐ 看板　☐ 窓ガラス

☐ 屋根がわら　☐ 建物の壁のタイル片

☐ コンクリート片　☐ 室外機

☐ ブロック塀　☐ 自動販売機

☐ マンホールの隆起　☐ 橋の崩落

☐ 道路の亀裂　☐ 老朽化した建物

☐ コントロールを失った車　など

自動販売機が倒れてくるかも

交通量が多い場所でもガードレールがある広い歩道なら一時避難場所にできそう？

看板が落ちてくるかも

車が急に歩道に入るかも

目的地

Bゾーン

2 クロスをして頭をガードする練習をしておく

腕の内側のやわらかい面が表に出ていると、ものが当たったときに深部まで傷を負うことがあります。地震が起きたときに腕の内側を自分に向けて頭をガードしながらクロスすることで、飛んでくるものなどから腕のやわらかい部分や頭を守る方法を、子どもたちにも伝えておきましょう。いざ地震が発生したら、腕をクロスにして危険な場所からはなれます。ゆれがおさまったら負傷の状況を確認し、地域の人たちにも応援を求めながら子どもの救助と安全を優先します。保育者が負傷したり生き埋めになったら、「大声で助けを求めて」と子どもに伝えておきましょう。

遠足などでいつもと違う場所に行くときは？

遠足やイモ掘りなどの園外行事で地震に遭遇することも考えられます。園から遠くはなれた場所で被災した際、そこでの対応が「出たとこ勝負」では子どもたちを守ることはできません。「下見こそがすべて」という気持ちで事前対策に力を入れましょう。

また、遠出しているので保育者も子どもも帰宅困難者になります。交通機関がマヒしている中で無理に帰園するのは危険です。あらかじめ決めておいた手段で園に連絡をして状況を報告します。

保護者の引き取りについては外出先の避難場所まで来てもらうのか、行き違いや保護者が二次災害に巻き込まれる恐れがあるので帰園するまで待ってもらうのか、被害状況や距離などを総合的に判断して速やかに連絡することが重要です。

下見のポイント

● ルートの安全
バスや電車を利用中に、災害にあった際の対処方法を考える。
● 目的地の災害特性を調べる
水族館は海の近くにあることが多いので津波のリスクを調べるなど、目的地のハザードマップで事前に調査しておく。
● 避難先の確認
目的地近くの避難場所にも足を運び、災害時の受け入れについて相談しておく。
● 災害時の医療機関の確認
その地域の災害時の医療体制や負傷した際の搬送先医療機関の場所を、地域防災計画で確認しておく。
● 連絡手段・保護者の引き取り方法の確認
避難した場所を園や保護者に伝えるための通信手段を準備しておく。
保護者に引き取りに来てもらう方法も検討しておく。

> 一斉配信メール・SNS・ラジオで安否を伝えるなど、いずれかの連絡手段を決めておく

> 遠出をする場合

CHECK! ▶ 外出時に持っていくもの

- ☐ 簡易防災マニュアル
- ☐ 地図　☐ 拡声器　☐ 応急手当用品
- ☐ 笛　☐ 携帯電話とモバイルバッテリー
- ☐ 腕章　☐ 携帯用無線機（トランシーバー）

> 職員であることを周囲に認識させるため

津波

津波の危険がある場所では、一刻も早く避難をしなければいけません。
時間やルート、誘導方法などの検討・訓練が必要です。

避難指示を待たずに避難を開始し、解除されるまで戻らない

　津波は、早く避難することが肝心です。警報が発表されたり、沿岸部で大きなゆれを感じたりしたときは、自治体からの避難指示を待たずに速やかに避難します。ゆれがおさまり次第、子どもたちに防災ヘルメットをかぶせ、海抜が高いところや避難場所を目指しましょう。津波は、2波、3波とくり返して襲来するので、津波警報が解除されるまで園に戻ってはいけません。津波の襲来まで時間がある場合でも、ものを取りに戻るのはやめましょう。

基礎知識　津波から避難する4つのポイント

POINT 1　自己判断をしない

ゆれが小さくても津波が起きることがあります。明治三陸地震津波（1896年）のときは、沿岸の震度は3ぐらいだったといわれていますが、大津波が押し寄せて大きな被害をもたらしています。小さなゆれでも、まず避難しましょう。

POINT 2　俗説を信じない

日本海中部地震（1983年）では、秋田県の小学生が海浜地域に遠足に来ていて、津波にさらわれる被害がありました。それまで「日本海では津波はない」という俗説が信じられていたので、津波への警戒心がたりなかったようです。

POINT 3　車で避難しない

車で避難すると狭い道路が渋滞し、津波にのみ込まれるケースがあります。地域で要配慮者の車の避難が許可されている場合を除き、登園・降園途中の園バスの中で地震に遭遇した場合、バスを乗り捨て、一刻も早く高台へ避難しましょう。

POINT 4　「遠く」より「高く」

子どもたちを避難させるには、逃げるスピードに限界があります。遠くの高台を目指すより、近くの津波避難ビルに逃げましょう。あらかじめ近隣のテナント管理者などと避難協定を結ぶことも必要です。

避難訓練で時間を計測し、ルートや誘導方法を練る

すべての子どもたちが避難場所まで到着するのにどのくらいの時間を要するかを計り、目標時間までに間に合わなければ、ルートや誘導方法を検討して訓練をくり返します。例えば、全員で同じルートを通るのではなくクラスごとに違うルートで試してみるのも一案です。目標時間は、津波の危険のある自治体が地区ごとに地震が発生してから到達するまでの予測時間を発表しているので、それを参考に決めます。

また、小さな子でも建物の上階に避難しやすくするために、建物の管理者に子ども用の手すりの設置をお願いしたり、車道の横断を安全におこなうために自治体に歩道橋の設置を相談したりなど、積極的なアプローチをしましょう。

園外にいるときは

園外保育中に津波の被害にあう可能性もあります。川のそばも危険です。

〈 海岸にいるとき 〉

近くに高台がない場合は、警報で発表されている津波の高さよりも高い建物を目指します。海水浴中の場合は、監視員やライフセーバーの指示に従って避難しましょう。オレンジのフラッグを振っている人がいたら、津波発生の合図です。

〈 川のそばにいるとき 〉

津波は、川をさかのぼります。上流側に避難しても津波は追いかけてくるので、流れに対して直角方向にすばやく避難しましょう。

津波の関連マーク

津波注意（危険地域）：地震が起きたときに津波がくる危険性が高い地域です。

津波避難場所：安全な避難場所・高台であることを示しています。

津波避難ビル：津波避難場所、津波避難ビルであることを示しています。

➡ 保護者と共有 ⬅

「津波てんでんこ」の考え方で命を守る

東日本大震災以降、家族がはなればなれになっていても、それぞれが自分の命を守ることを優先して行動する「津波てんでんこ」の考え方が広まりました。これは、昔から津波被害に苦しめられてきた三陸地方の言い伝えで、自分の責任で早く高台に逃げろという意味です。そのおかげで東日本大震災の被害を受けた岩手県釜石市の３千人近い小中学生のほとんどが無事でした。園から保護者に対しても、子どもたちの安全を優先した行動をとるので保護者自身の安全を優先するように伝えましょう。

また、津波の襲来が予測される地域にある園では、何より避難を優先させなければなりません。保護者には、電話による安否確認はひかえてほしいことを話しておきましょう。電話を取ることに時間を取られて子どもの避難が遅れてしまうことや、安全な場所に落ち着いたら園から情報を発信することを話して、理解と協力を得ておきます。

火災

火災が発生したら迅速に初期消火活動をおこなう必要があります。
ただし、消火がむずかしければ、急いで逃げるようにしましょう。

煙が充満する前に、素早い避難を心がける

火災で怖いのは炎よりも煙です。火災の煙には、一酸化炭素や硫化水素などの有毒ガスが含まれています。有毒ガスの濃度の高い煙を吸うと死に至るので、煙が充満する前に急いで避難します。

煙は毎秒3～5mの速さで上の階へ駆けのぼり、その後水平方向に広がります。大人が階段をおりるスピードが毎秒0.5mほどなので、驚異的な速さです。姿勢をかがめたりハンカチで口を覆ったりするよりも、素早い避難を優先しましょう。

今すぐできること 初期行動を知っておく

火災でも、タイムラインを決めておきましょう。消火活動では、意外と消火器などを突然には使えないものです。使い方を知っておくことはもちろんのこと、投げ入れるだけで使える「投てきタイプの消火用具」を準備しておくのもいいでしょう。できれば一人はすぐに消火をはじめ、一方は消火器を取りに行き、消火にあたると安全です。逃げるときには、何かを持ち出そうと探すなどしていると逃げ遅れるので、とりあえず素早く逃げることを心がけます。

火災のときの基本行動

❶火事を発見したら周囲に知らせる。
  ●「火事だー」と大声を出す。
  ●非常警報設備（非常ベル・放送設備）があればすぐに起動する。
❷消火器具を使用して初期消火に努める。このとき、けっして一人で対応することなく二人以上で対応する。
❸炎の勢いが激しくなったり、炎が天井に達したりしたら、消火を諦めてすぐに避難する。
❹避難の際、延焼を防ぐため火災が発生した部屋の窓とドアを閉める。
❺早歩きで逃げる。
❻視界が悪くて出口がわかりづらいときは、壁から手をはなさずに移動して出口を探す。
❼いったん安全な場所に避難したらけっして戻らない。

服に火がついたら、転がって消す

コンロの先にあるものを取ろうとしたり、花火やたき火をしているときに服に火がつくことがあります。化学繊維が使われている服は、あっという間に燃え広がります。さらに怖いからと走り出したら余計に燃え広がります。脱がせようとすると皮膚が一緒にはがれたり、顔をやけどしたりして重症化するおそれもあります。バケツの水をかけて消火するのが一番ですが、水を用意するまでの間に地面を転がって消火を試みましょう。子どもたちに転がる練習をさせておくとよいでしょう。

 ## 火災報知器の音を「知り」「慣れる」ように

火災訓練のプログラムに、火災報知機の音を「知る」、音に「慣れる」という項目を入れましょう。子どもたちには、報知音が何を意味して、どう行動すればよいかをあらかじめ伝えておきます。実際の訓練では、「遊びが盛りあがっていても報知音が聞こえるか」「園庭でも聞こえるか」など、様々なシチュエーションを想定して、音が聞こえるかをチェックしましょう。

火事です
火事です

近所で火災が起きたら？

消防車のサイレンが近くで鳴っていたら煙を探し、どこから出火しているのか確認しましょう。近くで火災が発生しているときは子どもたちを集め、いつでも避難できるように準備をしておきます。

別の職員は、火災の発生場所に様子を見に行きます。交通誘導している消防隊員がいたら、どのような状況かをたずね避難の必要性を聞きましょう。

爆発音がしたり、延焼の危険性があるとき、または黒煙や火花が園におよんできたときはすぐに避難を開始します。避難場所は風向きや火災の規模から判断します。

CHECK! ▶ 火災の情報を得る方法

正しい火災情報を入手するためにどこにアクセスしたらよいのか、事前に確認しておきましょう。

- ☐ 自治体や消防本部のウェブサイトで火災発生情報を見る
- ☐ 地元の消防団から情報を聞く
- ☐ 自治体の防災担当部署に連絡する

火山噴火

火山が噴火すると、土石流や火砕流などにのみ込まれてしまう怖さがあります。
危険性が高まったら防護した上で、早めの自主避難を心がけましょう。

レベルに合わせた対応を決めておく

火山の噴火による影響を受ける地域では、噴火レベルに応じた避難の判断を、事前に決めておきましょう。噴火警戒レベルが運用されている火山の近隣にある園では、レベル4になったら避難の準備をはじめ、レベル5で避難を開始します。保護者にはレベル3で引き取りの準備をするよう連絡をしておきましょう。事前に、どのレベルで休園にするかを自治体や関係機関と話し合っておく必要もあります。

レベル1	火山活動は平常
レベル2	火口周辺の立ち入りは生命に危険。噴火する予想
レベル3	居住地域近くに影響がおよぶ噴火の予想 ➡保護者に連絡
レベル4	居住地域に重大な被害をおよぼす噴火の可能性が高い ➡避難の準備を開始
レベル5	居住地域に重大な被害をおよぼす噴火が切迫している ➡避難スタート

直後の対策 ヘルメット・ゴーグル・マスクなどを着用し、避難する

土石流や火砕流などは速い速度で流れてきます。噴火の可能性が高まったら、早めに自主避難しましょう。噴石から頭を守るためにヘルメットをかぶり、火山灰対策として防塵ゴーグルと防塵マスクを装着。子ども用のサイズがなければ、目はラップフィルムで、口は厚手のハンカチで覆うようにしましょう。火山灰は細かいガラスの粒子のような物質なので、長そで・長ズボンの服とレインコートで体を保護します。

CHECK! ▶ 防災用品に加えておくもの

- ☐ 防塵マスク ☐ 防塵ゴーグル ☐ 降灰袋
- ☐ 作業用一輪車 ☐ スコップ ☐ 軍手
- ☐ ブラシ（衣服についた灰を落とす）
- ☐ ガムテープまたは養生テープ
- ☐ ブルーシート ☐ 食品ラップ
- ☐ つなぎの作業着またはレインコート

CHECK! ▶ 噴火発生予測が出た場合の備え

- ☐ 窓を閉めて、テープで目張りをして灰の侵入を防ぐ
- ☐ パソコンなどの電子機器を保護する（食品ラップで包んでもよい）
- ☐ 火山灰で詰まらないように雨どいの穴を覆う
- ☐ ブルーシートで散歩車を覆う

PART
3

安全・安心をつくる
避難訓練の見直し

質の高い避難訓練をおこなうことが、
子どもたちの命を守ることにつながります。様々なシチュエーションで
実施することで子どもたちの心構えができ、
必要な備蓄も見えてきます。

避難訓練 の見直し

月1〜2回の避難訓練を、年間計画書に組み込んでいる園は多いでしょう。
訓練がルーティン化していないか、いま一度避難訓練のあり方を考えてみましょう。

避難訓練は何のためにするの?

大人も子どもも防災意識をもち、いざというときに備えることが避難訓練のねらいであることは、言うまでもありません。しかしながら、"訓練を滞りなく実施すること" が目的となっていないでしょうか。避難訓練の計画を立てて準備をし、実行はできても、その

あとの評価、対策までできているでしょうか。避難訓練を毎回検証し、課題があれば解決して次の訓練に生かす、連続した活動としてとらえましょう。そして、その視点をもって、どんな訓練をするのか、何を確認するのか、改めて考えてみましょう。

訓練でできること

1 心構えをもてる

園には0歳から6歳まで様々な年齢の子どもがいて、特性も様々。緊急事態では、ふだんと違う様子に泣き出したり、パニックになったりする子もいて、スムーズに動けなくなることが考えられます。だからこそ、定期的に避難訓練をして、実際の災害時に折れない心を育んでおく必要があります。そして、同じ訓練でも子どもの受け止めは個人差があります。その様子を知っておくことで、保育者が心構えをもつことができます。

 防災遊び P.72

訓練でできること
2 どんな行動をしたらいいかがわかる

いつ、どんな災害が起こるかわかりません。そんな不測の事態に、保育者は冷静に対応し、的確な判断をしなければなりません。様々な災害を想定した避難訓練を経験しておくことで、状況に応じた避難や安全確保の方法、指示、身を守る動きを身につけることができます。それは子どもたちも同じです。保育者の指示を即座に理解できるだけでなく、自分で身を守る行動がとれるようにもなります。

 FMBを作ろう P.60
（ファーストミッションボックス）

 保護者への引き渡し P.68

訓練でできること
3 たりない備えが 明確になる

避難訓練では、災害に応じた避難方法、避難場所、役割、動きの確認のほか、必要な物資、食料の確認をすることができます。ライフラインが断たれた場合、家屋損害があった場合、人的被害があった場合なども想定し、園児と保育者の人数、季節や天候を考慮しながら、不足しているものはないかをチェックして、たりないものを準備できます。

 備蓄品リスト P.76

避難訓練の計画を立てるとき

災害によって、また、園の地域や立地、取り巻く環境によって起こりうる状況は異なるため、避難訓練の内容も園によって違います。年間の避難訓練計画を作成するときは、想定される災害、規模を決め、様々な被害状況、ストーリーを設定しましょう。そして、それをもとに対応や指示、避難場所、避難方法、ルート、役割を考えていきましょう。大切なことは、リアリティのある具体的な設定を考えることです。

避難訓練の中には、保護者や地域と連携した訓練や、抜き打ちでおこなう訓練も盛り込むようにしましょう。

いろいろな想定を考えよう

いつ？
どこで？

例えば……
- 保育中
- 早朝保育時
- 夕方保育時
- 外遊び中
- 昼食中
- 午睡中
- 延長保育時

災害はいつ起こるか誰も予測ができません。早朝や夕方の時間帯、延長保育時など、保育者が少ない場合に起こる可能性もあれば、屋外で活動中に見舞われる可能性もあります。一日の活動のどの場面で災害が起こるかで、保育者・子どもたちの動き、必要なものはまったく異なります。どんなシチュエーションでも対応できるように訓練をしておく必要があります。

（吹き出し：どんな災害？原因？）

例えば……

● 保育時間中に調理室から火災発生
● 夕方保育時に地震発生

　災害の規模の設定はとても大切です。例えば「地震」といっても、震度4の場合と震度7の場合とでは状況が異なり、避難方法も変わってきます。また、地震のあとの火災や津波など、二次災害の発生も想定して盛り込んでいきましょう。

（吹き出し：季節・気候は？）

例えば……

● 7月中旬に地震発生。園庭に避難
● 1月下旬に火災発生。園庭に避難

　季節、気温、天候を選ばず、災害は起こります。もしも炎天下の園庭に避難することになったら？　気温の低い冬に地震が起こったら？　大雨の中で避難所に移動できる？　などを想定し、子どもたちの体調に影響の少ない避難方法が必要です。

（吹き出し：園長不在のときは？　私が代理です　ハイ！）

　災害時、園全体の状況を把握して、保育者に指示を出すのは園長の務めです。しかし、園長が不在のときに起こる可能性もあります。その場合、園長代理は誰がおこなうのか、保育者間の連携をどうとるかを共有し、訓練しておくことも大切です。

➡
FMBを作ろう （ファーストミッションボックス）P.60

訓練のあとは必ず振り返って検証を

　避難訓練は、滞りなく実施できることが大切なのではありません。問題がなかったか、今まで気づかなかったことはないか、振り返って洗い出し、改善につなげることが大切です。避難の手順、保育者の役割分担は適切だったか、子どもたちの様子、動きで気になることはなかったか、備品に不足はないかなど、すべての関係者が意見を出し合い、より安全な対策ができるようにしましょう。

避難訓練を実施するときのポイント

避難訓練の日に天候がすぐれない場合、実施を延期する園は多いでしょう。子どもたちの体調に影響を与えないための配慮は大切ですが、悪天候でも災害が起こることはあり得ます。そのとき、どんなことが困るのかは実際に経験してみないとわかりません。

例えば、予定していた訓練の日に小雨程度であれば、子どもたちの体調に影響しない準備をした上で実施してみることも必要です。実際の災害時は、そうした準備をする時間はありません。しかし、その準備自体が避難時に役立つことであり、必要な備品や人数、かかる時間などが把握でき、備えることができます。

雨の日に実施するとき

事前準備
● 雨具は何が必要か考える
● 散歩車に屋根をつけるか
● どこに避難するか

チェックしたいこと
● 子どもの様子
● 避難するまでのぬれ具合
● 避難場所のぬれ具合
● 防災グッズのぬれ具合

雨でぬれると体が冷えてしまうことが考えられます。0・1・2歳の子どもは、体調の変化を自分で伝えることがむずかしい年齢のため、保育者が注意深く見るようにしましょう。水溜まりの少ない場所を選ぶ、雨をしのぐテントを張るなど避難場所を事前に確保し、子ども、保育者の雨具を準備します。歩くスピードがゆっくりな1・2歳児の場合、散歩車に透明ビニールの屋根をつけて移動することも

一つのアイデアです。体をふくタオルは充分か、防災グッズがぬれたらどうするかなど、準備の段階でも気づきが出てくるはずです。

雨の中で子どもが遊び出し、スムーズに動けない可能性もあります。大切な訓練であることをしっかり伝えて臨みましょう。

気温が高い日に実施するとき

事前準備

● 水分補給をどうするか
● 避難場所の熱中症対策をどうするか

チェックしたいこと

● 子どもの様子
● 熱中症対策に必要な備品は充分か

　各園で、暑さ指数など屋外活動の実施基準を設けているはずです。避難訓練は基準以下でおこなうことを前提に、熱中症対策をして、気温の変化に注意しながら実施をしましょう。避難場所が園庭の場合は日よけをつくり、場合によってはポータブル電源を使って扇風機の用意。水分・塩分の補給、子どもの体調悪化時の対応なども考えて準備します。

気温が低い日に実施するとき

事前準備

● 避難場所の寒さ対策をどうするか
● 防寒には何が必要か

チェックしたいこと

● 子どもの様子
● 寒さ対策に必要な備品は充分か

　気温が低いときの避難では、防寒対策が大切になります。外遊びで体を動かしているときとは違うため、防寒に適した服装を準備する必要があります。避難ルートや避難場所の地面が凍ってすべりやすくなっていないか、火災につながらない寒さ対策ができるか、なども確認します。寒い中で冷たい食事をとると体温をさげることにつながるので、避難後に温かい食事を提供する準備も大切です。

日ごろから防災脳にしておこう

　日本は地震大国で、大規模地震も経験しました。スーパー台風、ゲリラ豪雨、豪雪など、今までの常識が通用しない気候変動による災害も日本各地で実際に起こっています。ニュースでその被害や怖さを知っているつもりでは、子どもたちと自分の身を守れません。ふだんから「今、地震が起こったら？」「ニュースと同じ災害が園で起こったら？」と自分ごととして考える"防災脳"にしておきましょう。訓練を振り返ったときだけでなく、ふと気づいたことをもち寄って園全体で検討すれば、さらに災害に強い園になるはずです。

FMB を作ろう

ファースト　ミッション　ボックス

訓練をしていても、いざ災害が起きたとき、どうすればよいか混乱してしまうこともあります。
そんなときに役立つのがFMB。災害時、誰でも素早く的確な行動がとれます。

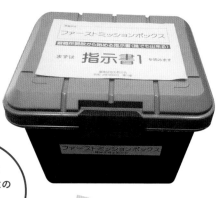

FMB とは？

　ＦＭＢ(ファーストミッションボックス)とは、地震、火災、水害など大きな被害が想定される災害時に開けて使う箱のことをいいます。箱の中には、初動対応を迅速におこなうための指示が1枚ずつ記載された指示書、必要最低限の名簿や事務用品を入れておき、誰でもすぐに初動対応ができるようにしておくものです。

　基本となる指示書の例には、知識がなくても誰でもすぐにおこなえる指示がまとめてあります。それをもとに、園の環境に合わせてカスタマイズしながら園独自のカードを作成してください。作成を通して、初動時の動きが整理でき、優先すべき行動、必要となる備品が明確化されます。

　作成後に必ず指示書に沿って動けるかどうかを何度か検証し、更新することが大切です。通常の避難訓練でも活用しましょう。

箱を開けると
中には役割ごとの
指示書が
入っています

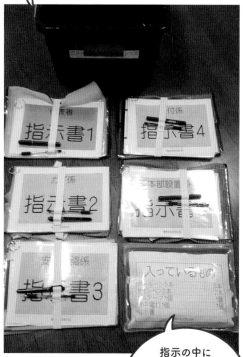

指示の中に
出てくるペン各種・
ガムテープや
養生テープなども
一緒に入れておきます

指示書は
それぞれ
リングなどで
まとまっています

写真提供：福岡区自主防災会

園での導入のメリット

どれほど綿密に避難訓練をおこなって、災害対応の組織や役割を明確にしていても、災害時は計画通りに責任者や防災担当者が速やかに集まれないこともあります。そうなると、マニュアルが崩れ、混乱することが考えられます。そんなときFMBがあれば、所定の場所に行き、箱を開けた人がカードに書かれたミッションに従って行動するだけで、園に合った初動対応が実現できるのです。

実際の災害では……

何をすればいいかわからない することの優先順位がわからない

混乱

FMBがあれば解決できる

メリット 1 園長不在時の対応が可能

本来、災害時の責任者は園長です。仮に園長が不在の場合は副園長や主任が代理を務めるでしょう。しかし、災害発生時に園長や副園長、主任が不在の可能性もゼロではありません。体制を把握して指示を出せる人がその場にいない状況も起こり得ます。そんなときでも、FMBがあれば、何をすればよいかがひと目でわかるようになっており、誰であっても指示を出すことができます。

メリット 2 職員が定まっていなくても対応できる

災害時の役割分担は決められていると思います。しかし、災害時にどの職員もすぐに集まれるとは限りません。そうなると誰が代わりをするのか、代わりの人はするべきことを把握しているのか、という問題が発生します。FMBのカードには新たな役割が指示され、その役割ごとのミッションも書かれています。その場にいる人で対応が可能になります。

メリット 3 防災のエキスパートがいなくても対応可能

防災の専門的な知識がなくても、何をしてどこに連絡すればよいかがわかるようになっているのもFMBの大きなメリットです。カードには、どこに助けを求めればよいかの指示も盛り込んでおくことができます。例えば、その場に1〜2年目の保育者しかいないという状況でも、初動対応が実行できます。

メリット 4 初動から時系列に沿って行動できる

FMBの指示書は、災害発生時の状況把握、避難、救護活動、応援要請など、するべきことが順序立てて整理され、書かれています。「次は何をするのかわからない」「次の方針が決まらない」といった事態になることがありません。指示書は「保護者の引き渡しまで」「食事提供まで」など、園によって独自に作成することもできます。

園の FMB (地震版) の例

ＦＭＢをよりイメージしやすくするために、「震度６弱以上の地震が起きた場合」に発生直後から状況確認、避難・救護活動までの動きがわかる指示書の例を一部、紹介します。

実際は、園の実態に合った指示内容になるので、P.66からの作り方を参考にしながら、園独自のＦＭＢを作成しましょう。自分の園だったら、例示する内容に加えてどんな指示が必要なのか、考えてみてください。

また、調理スタッフのためのＦＭＢ、水害時のＦＭＢなど、あらゆる場面にアレンジが可能です。

震度 6 弱以上の地震でまずすべきこと

● あなたが、この箱を開いたということは地震で無事だったということですね。よかったです。

● あなたが、これからすることは、この箱の中にあるカードに書いてあります。それを順番にやるだけです。

● まずは、大きく『 深呼吸 』をしてください。慌てなくて大丈夫。落ち着いて次のカードをめくってください。

では、MISSION カードへ！

箱を開けると、まず最初の指示書があります。開けた人がリーダーになるため、「できないかも」と不安になることはないように、まずは気持ちを落ち着かせる指示を入れます。

MISSION ①

避難後の安否確認を呼びかけます。カードの裏面には拡声器がある場所をイラストや写真で記載し、誰もがすぐに取りに行けるようにします。職員は日ごろから笛を携帯しておくことも大切です。

MISSION ① 安否確認

□ **放送機器で三つのことを 2 回 くり返し はっきり 伝えます。**
※使えない場合は園庭に出て拡声器で伝えます。

□ ①「**園児の点呼 および 職員・園児のケガ をただちに確認してください**」

□ ②「**応援の必要 な職員は 笛を吹いて知らせて ください**」

□ ③「**手のあいている職員は笛の聞こえる部屋に急行してください**」
※津波、火災のときは「点呼の取れたクラスからすぐに〇〇へ避難開始！」と伝えてください。

放送者名		
放送時間	時	分

※拡声器の場所は裏を見ます。

（裏）MISSION ① 安否確認

拡声器はここにあります。

防災用具① 　防災用具②

用具棚下

MISSION ②

次は保育者3人を集め、それぞれの指示書が入った
ファイルを渡します。このサンプルでは3人に設定し
ていますが、園によって人数や分類の名称は自由です。
ここでは、Aを「救出・救護活動グループ」、Bを「施
設の被害確認グループ」、Cを「災害規模、地域の被
害など災害情報確認グループ」と設定しています。各
班長はそれぞれのファイルの中のミッションに沿って
行動します。

MISSION ② 保育者3人を集めます

☐ 誰でもいいので近くにいる保育者3人を集めます。

☐ 3人それぞれに箱の中の3種のファイルを渡し ながら
　中に入っている カードの指示を実行する よう伝えます。
　※渡す順番はA・B・C。（このカードの裏も見ます）

☐ 活動の途中でも20分後 （時間を示す）に戻って
　状況報告するよう伝えてください。

A のファイル保持者（班長）	名前	報告に戻ってくる時間
B のファイル保持者（班長）	名前	時　　分
C のファイル保持者（班長）	名前	

（裏）MISSION ② 保育者3人を集めます

A ファイル：救出・救護活動グループ
　　　　　　（園児・職員の救出・救護）

B ファイル：施設の被害確認グループ
　　　　　　（園舎、園庭、ライフライン、火災）

C ファイル：災害情報確認グループ
　　　　　　（災害規模、地域の被害、
　　　　　　　行政の災害対応、病院情報）

それぞれのグループのファイルの中身の例

A：救出・救護活動グループ

ファイルの中身の例

☐安否不明の園児・職員の捜索
☐閉じ込め・下敷きになっている人の救出
☐負傷者の手当・搬送

C：災害情報確認グループ

ファイルの中身の例

☐津波・土砂災害など二次災害の発生の可能性の有無を
　気象庁や自治体のウェブサイトやラジオなどで確認する
☐近隣で火災や液状化などが発生していないかを確認する
☐保護者への連絡
☐医療機関の状況を確認する

B：施設の被害確認グループ

ファイルの中身の例

☐園舎・園庭の状況を確認する
- 園舎の傾き　● 園庭の地割れや液状化
- 壁や柱の亀裂やひび割れ　● 地面の沈下
- タイルなどの剥離や落下　● 屋根材のズレ
（上記に問題ない場合は中に入り）
- 床の傾き　● 壁や柱の亀裂やひび割れ
- ドアの開閉　● 天井や照明具の落下　など

☐ライフラインを確認する
- ブレーカーをあげる前に、すべての電気機器のプラグを一旦抜く
- ガスを使用する前にはにおいがしないか、器具に損傷がないかを確認する
- 水は断水する前に、シンクなどに貯めはじめる

☐防災用品を用意し、救護活動の準備をする

MISSION ③

MISSION ③ 状況報告からの判断

- ☐ 戻ってきたA・B・Cの班長3人から報告を受けます。
1時間後に再度 報告 をお願いしてください。

- ☐ 負傷者が多く、対応できる人がたりない場合
➡ MISSION ④ - A・B・Cのカードをそれぞれの班長に渡します。

- ☐ 負傷者がいるが、職員だけで対応できる場合
➡ MISSION ④ - B・Cのカードをそれぞれの班長に渡し、
AグループはBとCの手伝いにまわります。

第1回報告	時	分	
負傷者数	重症者	人（症状	）
人	中等者	人（症状	）

A・B・Cの各班長からの報告状況によって、次のMISSION ④- A・B・C（➡ P.65）につなげます。

MISSION ④

MISSION ④ 関係機関への連絡

- ☐ A・B・Cの班長3人の報告内容を関係機関に伝えます。
下の内容を参考に報告をお願いします。

  ※このシートの裏に関係機関一覧表があるのでリストの上から順番に連絡します。

- ☐ 「〇〇市の〇〇園の〇〇です。こちらの被害状況をお伝えします。現時点での被害状況は 施設の被害 は〇〇、負傷者 〇名、ライフライン の被害状況は〇〇です。周囲の被害状況 は〇〇となっています。今 困っていることは〇〇です。そちらで 新しい情報 があれば教えてください。今後の連絡方法 はどのようにすればよいでしょうか」

箱を開けたリーダーが、被害状況を関係機関へ伝えます。カードには伝え方、関係機関に確認しておきたいことの文言を書いておきましょう。裏面には早く連絡する必要がある関係機関の連絡先リストを、「頼れる機関を知っておこう」（➡ P.86）などを参考に作成し、記入または貼っておきます。

MISSION ④ -A・B・C

　リーダーが MISSION ④ を実行している間にA・B・Cの班長は、MISSION ③ で受け取ったカードを実行します。Aグループは保護者・地域住民への「応援要請」、Bグループは「救護所の設置」、Cグループは負傷者の「搬送先の確認」をおこないます。B・Cのカードの裏には、それぞれのものの保管場所もわかるように、写真やイラストで示しましょう。

MISSION ④ - A　Aの班長がすること＝応援要請

- ☐ 養生テープと油性ペンを持ってゲートに立ちます。
- ☐ 保護者 が来たら「職員の手がたりないので お手伝い をお願いします。お子さんのクラスに行って 担任の手伝い をお願いします。まずは名札をつけてください」と伝えます。
- ☐ 地域の方 が通ったら「職員の お手伝いをお願いします。〇〇職員のお手伝いをお願いします。まずは名札をつけてください」と伝えて〇〇職員まで案内します。

　※「名札」は、この箱の中にある緑色の養生テープに油性ペンで名前を書いて胸に貼ってもらってください。「例）保護者：高橋」

時　　　分時点でのお手伝い者	人（名前　　　　　　　　　　）
時　　　分時点でのお手伝い者	人（名前　　　　　　　　　　）

MISSION ④ - B　Bの班長がすること＝救護所の設置

- ☐ 園庭に亀裂・液状化などがない 場合、テントを倉庫から取り出し、園庭に設置します。
　※テントの設置場所は被害状況によって変更します。
- ☐ テントの下に倉庫 B にある ブルーシートを敷き ます。
　※ブルーシートがたりなければ午睡用のコットを置きます。
- ☐ 応急手当用品 を 事務室の棚から運びます。
- ☐ 準備ができたらテント に 負傷者 を 集めます。
　※強風、降雨、気温の高低に配慮し、救護所の場所を決めます。
　（園庭のメリットは余震による落下物の危険がなく医療機関への搬送のしやすさ）
　※テントを保管している倉庫と設置場所、応急手当用品のある棚の場所は、裏を見ます。

突然の雨の救護所候補

テントがたりないときの対処

このあとも
ミッションが
続きます

　どの範囲まで指示カードを作成するかは園によって異なりますが、このあとも、保護者への引き渡し準備の指示、おやつ・食事提供の指示、避難所体制の準備の指示、園児や職員の心のケア、二次災害の防止対策など、ミッションが続きます。ミッションの途中には休憩の指示も入れましょう。

MISSION ④ - C　Cの班長がすること＝搬送先の確認

- ☐ 災害時の医療救護所の場所 を再度確認します。
- ☐ 道路状況から搬送方法 を考えます。
　（車・台車・散歩車・担架など）
- ☐ 搬送の優先順位 を看護師と決めます。
- ☐ つき添い者につき添いセットを渡します。
　※「つき添いセット」は、棚にあります。（裏を見ます）

搬送時間　　　時　　分	つき添い者名：
搬送先：	搬送者(クラス名)：
搬送者数：　　　　人	

FMB の作り方

P.62 〜 P.65 までの例で、ＦＭＢの中身、指示に書く内容のイメージがつかめたら、実際に自分の園でも作成してみましょう。避難訓練のマニュアルがあっても、ＦＭＢを作成してみると災害発生時から時系列ごとのやるべきこと、必要なものが明確になり、避難訓練のアップデートにも役立つはずです。また、「誰もがわかるような指示」を考える中で、ムダが省かれ備品の収納場所も整理されます。作成には園の職員全員が関わり、様々な意見、視点からすべきことを絞り込んでいくといいでしょう。

完成したら、できるだけ早いうちに訓練で使いやすさを試してみることも大切です。

STEP 1 どのレベルで使うか、活動範囲はどこまでか決める

まず、どのくらいのレベルの災害でこのＦＭＢを使うのか考えます。紹介した例は「震度6弱以上の地震」ですが、地域によって震度の差で被害内容が大きく変わります。起動する災害とそのレベルを設定しましょう。そしてそのレベルに応じＦＭＢの使用範囲を考えます。「安否確認終了まで」「食事提供まで」「保護者引き渡しまで」「あとかたづけまで」など、災害発生からどのくらいの期間の活動までにするか、設定します。

STEP 2 活動すべきことを書き出し、時系列に整理してみる

STEP 1 で設定した災害レベルと使用範囲に合わせ、すべきことを簡潔に付せんに書き出していきます。このときは、思いつくままに書いてみましょう。

次に、それらを災害発生から活動終了まで時系列に並べて整理していきます。同じ活動は一つにまとめます。整理する中で、すべき活動は「施設の安全確認」「園児、職員の安否確認」「ライフラインの確認」「応急手当」「関係各所への連絡」など、似た活動ごとにまとめることができるはずです。

園児の 安否確認と救護

クラスごとに ケガ人を かぞえる → 園全体の ケガ人の 人数を把握 → ケガの 手当て →

被害の確認

園舎の 被害を確認 → 園庭の 被害を確認 →

安全確認

火災発生の 有無 → 自治体の 避難情報の 確認 →

STEP 3

すべきことから班編成、班の役割を決める

　災害の発生時から活動終了まで整理されると、おのずとすべきことのグループができます。例えば「安否確認をする班」「安全確認活動をする班」「関係各所に連絡をする班」などです。グループがいくつ必要か見えたら、次はその活動内容に応じて、必要な人数を想定してみましょう。班編成と活動内容がまとまってきます。

STEP 4

活動から必要となる資材、備品、収納場所を整理する

　次は班ごとに、活動に必要なものを付せんに書き出しましょう。このとき、電気やガス、水道といったライフラインが使えないことを前提とします。書き出し終えたら、園にあるもの・ないものを確認し、ないものはどう調達するか検討しましょう。収納場所については、活動班ごとにまとめるとFMBの指示書に記載するときにわかりやすくなります。

STEP 5　必要書類・図面などを用意する

　班ごとの指示書を作成します。表裏を使い、1枚の指示書に、一つの指示事項でまとめることが大切。「簡単」「これならできる」と思えるくらいの作業量にすることがポイントです。また、指示、タイトルはできるだけひと目でわかる短い文に。文章だけでなく、図面やイラスト、写真など見てわかる資料も多用しましょう。指示書はラミネート加工をして、リングでまとめます。

✎ CHECK! ▶ わかりやすくするポイント

- ☐ 指示書はわかりやすくシンプルに
- ☐ 写真やイラストを活用する
- ☐ 役割ごとにファイル、指示書を分ける
- ☐ 指示書はA4サイズで枚数を少なくして、ラミネートをする
- ☐ ボックスの中には指示に最低限必要な用具を入れ、高価なものは入れない
- ☐ 園全体がわかるレイアウト図も準備する

STEP 6　できあがったら確認する

　できあがったFMBに不備不足はないか、誰もがわかるようになっているか、確認しましょう。右記のポイントをチェックしてみてください。

✎ CHECK! ▶ 完成後に確認すること

- ☐ 指示書は時系列に沿って入っているか
- ☐ 指示内容は誰でも理解できる表現か
- ☐ ミッション完了までの目標所要時間を定めているか
- ☐ ライフライン途絶時の対応について明記されているか
- ☐ 安全（二次被害の防止）を最優先とした指示になっているか
- ☐ 園全体がわかるレイアウト図は準備されているか
- ☐ 指示をおこなうために最低限必要なものは箱の中に入っているか

引き渡し訓練 についての考え方

園の避難訓練と同様、保護者への引き渡し訓練もルーティン化していませんか？　災害時は各家庭の状況も様々で、想定外のことが多々起こると考えられます。想定外も考慮した訓練が必要です。

毎年見直しして、保護者と共有を

災害の備えは園だけでおこなうものではありません。特に、保護者への連絡、安全な子どもの引き渡しについては、その方法や手順、ルールを年度ごとに振り返り、保護者と共有しておきましょう。そのとき大切なのは、想定外のことまで考えておくこと。次の3つを参考に、いま一度見直してみましょう。

考えておきたいこと

1 園への所要時間

災害時は建物の倒壊や道路の損壊、公共交通機関の停止などで平常時のように引き渡しができません。そうなった場合、保護者が職場や自宅から園に到着するまで、どのくらいの時間がかかりそうか把握しておくことが大切です。そのためにまず、保護者には職場や自宅から園までの徒歩の所要時間を計ってもらいましょう。災害時はその3倍の時間を目安として考えます。

考えておきたいこと

2 引き渡すときの受付方法

受付方法は2つのパターンがあります。園児数、園の規模、保育者の数などでどちらが適しているかを考えましょう。

総合受付を設置

総合受付を園庭、またはエントランスに設置。クラス名を伝えたら、各クラスの保育室に進んでもらう受付方法です。引き取りに来た人数を一度に把握できるメリットがある一方、受付が混雑する恐れがあります。複数の担当者を配置するなど、混雑しないような工夫を考えておきましょう。

クラスごとに設置

各クラスの保育室まで保護者に直接行ってもらって受付する方法。受付が分散されるため混乱が少なく、担任・副担任が受付をすることで、保護者の安心につながります。引き取りに来た全体の人数の把握のため、トランシーバーを使うなどして、効率よく定期的に園長や主任に伝える工夫も考えておきましょう。

③ "想定外"に備えたルール

保護者が 24 時間以上 経っても来ない

　災害時、保護者が24時間以内に引き取りに来られない可能性もあります。その場合も想定して、園の対応を決めておきましょう。例えば、右のような対応の流れを作成します。特に都市圏では、発災時には救命・救助活動などが優先されるため、交通の妨げにならないよう72時間は移動せずに会社などで待機することが求められています。地域の避難所に移動するなどの場合は、事前に行政とも確認しておく必要があります。ルールが決まったら、保護者と共有しておきましょう。

24 時間以内に引き取りがない場合の流れ

地震発生から 24 時間は園で待つ
（園舎に被害がない場合）

↓ 24 時間

避難所または系列園などへ移動
（24 時間以上経過もしくは園舎に被害がある場合）

↓ 48 時間

一時的に震災遺児として看護施設でケアする
（72 時間以上経過した場合）

72 時間

未成年の兄・姉が引き取りに来た

　同じ地域の小学校や中学校に通う、園児の兄・姉が引き取りに来ることも考えられます。引き渡しカードに、兄・姉の情報も記入しておき、把握しておきましょう。きょうだいが園に来た場合、可能であれば保護者に連絡をして兄・姉であることを確認した上で、保護者が到着するまで園で待機するほうが安全です。

代理人が来た

　引き取りの優先順位が母親、父親、祖父の順になっていても、災害時、3人とも来られず、急きょ近所の親戚や友人に引き取りを頼むというケースも考えられます。引き取りカードにない代理人が「頼まれたから」と言っても、保護者の確認がとれるまでは引き渡さず、子どもと一緒に園で待機してもらうことを原則としましょう。

連絡ツールは複数準備

　大規模な災害が起きて、大量の電話が短時間に集中すると、つながりにくくなる恐れがあります。保護者との連絡を確実にするために、電話以外の複数の連絡手段と活用する順位を決め、共有しておきましょう。FacebookやLINEなどのSNSや、一斉配信メールなどをすでに活用している園も多いでしょう。それらのほか、大規模災害の発生時にNTTが開始する災害用伝言ダイヤル「171」もあります。

 通信手段や情報収集の確保　P.16

子どもの自助力をあげる訓練

保育者が子どもの安全を確保するのはもちろんですが、子ども自身の危険を回避する力、身を守る力を育むことも必要です。避難訓練を通じて、危険なこと、身を守る方法を伝えていきましょう。

ふだんの活動に防災のエッセンスを取り入れて

保育者が、子ども全員の身を守るにも限りがあります。子どもたちも、発達段階に応じて身を守る方法を覚え、何が危険なのかといった知識をもち、防災力を養うことが必要です。

しかし、必要以上に怖がらせるような過剰な刺激は与えないように心がけなくてはなりません。避難訓練でも楽しく学ばせたり、ふだんの遊びに防災の要素を取り入れたりするなど、しぜんに身につくようにしましょう。子どものときの経験は、成長してからも役立つはずです。

危険な場所・安全な場所をわかりやすく示す

保育室の安全対策をしつつも、倒れたり、落ちたりするものがあり危険な場合、子どもと一緒に「あぶない」とわかるシールや印を床や壁、遊具などに貼って確認してみるといいでしょう。そのときに、危険になる理由を説明し、地震があったらその場所からはなれるように伝えます。

2〜3歳児の場合は、床にテープを貼るなどして、安全な場所をわかるようにしておくのもおすすめです。飛来物や落下物を避けられ、子どもが即座に移動できる場所が安全です。

体を守る・助けを呼ぶ知識を身につける

転倒物の横に移動

　段ボールで、保育室にある棚の模型を作り、子どもたちの前で倒してみせましょう。倒れやすい方向を実際に見ることで、地震のときに棚の前にいると倒れて体にぶつかる可能性があることがわかります。

　また、棚が倒れてくるとき、棚の横側に逃げたほうが安全だということも伝え、逃げ方を練習しましょう。

頭を守る

　地震発生時は、即座に頭を守ることを身につけることも大切です。「地震だよ！」「集まって！」のかけ声とともに、手元にあるもので頭を守る練習をしておきましょう。頭を守るものは、絵本、ぬいぐるみなど、その場所にあるどんなものでもかまいません。探そうとしないことがポイント。周囲に何もなければ、ダンゴムシのポーズ®（➡P.35）をする練習もしておきましょう。

音を出す方法を試す

　いざというとき、自分で音を出して助けを呼ばなくてはならないこともあります。笛があればいいですが、いつでも見つけられるとは限りません。また大声を出すにしても限界があります。手をたたく、硬いもので地面をたたくなど、どんな方法があるか、子どもたちと一緒に考えながら試してみましょう。また、自分の声や出した音がどの距離まで聞こえるのかも実験してみましょう。どの音がよく聞こえるのか、知っておくことも大切です。

ふだんの遊びに取り入れたい防災遊び

あえて訓練の時間をとらずとも、日常の保育の中に防災を目的とした遊びを取り入れると、子どもたちの防災意識が芽生え、いざというときの動きや姿勢を体で覚えることができます。

自分の身を守るためにどう動くとよいか、園児同士どう協力するとよいかが身につく遊びを紹介します。

遊び 1 くつ取りゲーム

はだし保育や午睡時の避難ではむやみに動くと危険！
「先生のところへ集まれー」の訓練以外にも
「動かないで！」と指示してくつをはく訓練をしましょう

くつを
はいて〜！

進め方

❶ 地震のゆれがおさまり、園庭へ逃げる設定にします。
❷ 保育者がクラスの人数分の防災用のくつを無作為に投げ、「くつをはいて！」と呼びかけます。
❸ 子どもたちはくつをはき、保育者の誘導で園庭へ出ます。

指導のポイント

● ものが散乱した場所から安全に避難するためにはくつが必要です。防災用にクラスの人数分のくつを袋や箱に入れて、常備しておきましょう。
● 他人のくつや左右逆のくつをはくのを嫌がる子もいます。このゲームをくり返して経験し、どんなくつでもはけるようにします。
● 防災用のくつは、古くなったものを保護者から寄付してもらうとよいでしょう。
● くつはキャラクターがついているとはきにくいので、シンプルな上ばきのようなものがベストです。

遊び 2 卵の殻の上を歩こう！

足元にも危険がいっぱい！
卵の殻をガラスに見立てて感触を体験

進め方

❶ビニールシートの上に卵の殻を敷き詰めます。

❷地震が起きたときには床にものが散らばることを説明します。

❸子どもたちに卵の殻の上をはだしで歩かせ、その反応をじっくり観察しましょう。

❹歩き終わったとき、「床に散らばったものが割れたガラスのようにとがっていたら、踏んだときどうなる？」「足をケガしたり、すべって体を傷つけないようにするにはどうしたらいいと思う？」などと、子どもたちに問いかけて考えさせます。

❺「くつをはく」「絵本を敷いてその上を歩く」などの答えを期待しつつ、子どもたちの考えを受け止めましょう。

指導のポイント

●卵の殻はよく洗って乾燥させて使いましょう。

●保育者が踏んで安全を確かめてからおこないましょう。

●子どもの不安を取り除くために、まず保育者が歩く手本を示すことを心がけるとよいのですが、それでも嫌がる子どもがいたら無理強いしないようにします。

●卵の殻の上を歩いたあと、避難するときは前だけでなく、足元にも注意することをしっかり伝えます。

●卵アレルギーの子どもには体験させないようにしましょう。

●子どもの視野は大人より狭く、特に災害時は足元の危険に気づきにくくなります。体験を通して足元に散らばるものをイメージし、災害時に足元に注意させることが目的です。

クマさんをみんなで運ぼう

遊び **3**

ケガしたクマさんをみんなで病院へ
身近なものを使って搬送体験

準備するもの
●大きなぬいぐるみまたは人形　●包帯
●毛布　●突っ張り棒（100円ショップ
で購入できる）　●椅子　●ひも

進め方

❶クマさんに包帯を巻いてケガをしたように演出します。

❷クマさんを安全に病院へ連れて行く4通りの運び方を伝
えます。

　ⓐ椅子に座らせてひもで体を固定し、椅子を持ちあげて
　運ぶ。

　ⓑ毛布に寝かせ、毛布の一辺を引っ張って運ぶ。

　ⓒ突っ張り棒に毛布を巻いて応急担架を作り、乗せて運
　ぶ。

　ⓓ毛布の端を丸め、その毛布に乗せて運ぶ。

指導のポイント

●子どもに負担のない重さのぬいぐるみ、または人形を選びます。

●落としたらケガが悪化するので慎重に動くこと、みんなで運ぶときに
は声を合わせてタイミングを同じにすることを伝えましょう。

●子どもは実際には搬送することはなくても、大人になってできるよう
に覚えておく大切さを、きちんと説明しましょう。

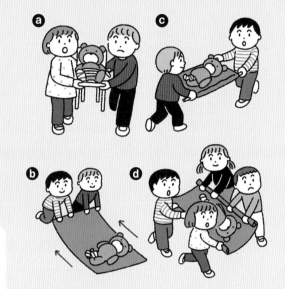

もしもし伝言ゲーム

遊び **4**

災害時、情報が人を介して
変わる可能性を楽しみながら学ぶ

進め方

❶5人から8人を1グループとして、1列に並びます。

❷各列の一番前の子どもを集めてメッセージを伝え、後ろ
の人に同じ内容を耳打ちするように説明します。

❸伝言を耳打ちしているときは、ほかの人は耳をふさぐよ
うに指示したら一斉にスタート。

❹最後まで伝わったら、各列の最後の人が前に出て内容を
発表します。

指導のポイント

●発達段階に応じて、伝えるメッセージは必ずしも防災を
テーマにしなくてもOK。
例）黄色いパンダが青い花を持って園長先生に会いに来
ました。園長先生はお礼にパンダに赤いリボンをあげま
した。

●年長児には、ゲームが終わったら災害でラジオやテレビ
が利用できなくなると、正しい情報が伝わりにくくなる
ことを説明しましょう。

●雨の日、雪の日、風の強い日など外で遊べないときにも
楽しめます。

●子どもだけでなく保護者や地域の方を交えておこなうの
も楽しい遊びです。

遊び 5 バケツリレー

火に近づかないことを徹底しつつ バケツの渡し方を練習しましょう

準備するもの
●子どもが持ちやすいバケツ　●火の絵（プラスチックのシートに水性ペンで火を描いて、段ボールなどに貼る）　●水を入れておく大きなたらい

進め方

❶保育者がたらいからバケツで水をくみ、1人目の子どもに渡します。

❷バケツを受け取った子どもは、水をこぼさないように、次の子に渡します。

❸最後に並んでいる子どもから保育者がバケツを受け取り、火の絵に水をかけます。

❹リレーをくり返し、水性ペンで描いた火の絵が流れて消えれば消火完了。

指導のポイント

●実際に火事を見つけたときは大声で大人に知らせること、絶対に火に近づかないことを徹底して教えます。

●バケツリレーでも、水をかけるのは保育者です。

●水をこぼさないようにするには、どうすればよいかを考えさせましょう。

●運動会で地域の方や保護者を交えた競技にしてもよいでしょう。

●バケツの代わりになる身近なものでも試してみましょう。例）ペットボトル・ビニール袋・ズボン（足の部分をきつくしばる）・ボウル・帽子など、身近にあるものを使う知恵を伝えましょう。

PART 3 安全・安心をつくる避難訓練の見直し

こんな体験も 「停電」や「音があるところでの午睡」

　地震や台風などでは、停電になることがあります。夕方以降、園内が暗闇になったときに怖がらないよう、暗い中でも目が慣れて見えるようになることを体験しておきましょう。また、避難先で休まなければならないこともあります。まわりで多少音がしても眠れるよう、午睡時にラジオをつけるなどして慣れておくことも大切です。楽しいイベントとして、ライフラインが使えないという想定の中で、みんなで調理をして食事をとってみたり、ふだんと違う寝具や場所で寝てみたりという体験も、いざというときに不安な気持ちをやわらげることにつながります。

備蓄品の見直し

備蓄するものは、災害時に園にいられる場合に使う「園全体で必要になる資材」と、担任が避難先に持っていく「園児用の持ち出し品」とがあります。具体的に何が必要か考えてみましょう。

園に合った備蓄品を目的別に準備

園全体で必要となる資材は、ライフラインが止まった際や一定期間を園内で過ごす際、また園の再開時に必要なものです。それとは別に、各クラスの避難所で子どもが使うものも準備しておきましょう。ここであげるものは最低限あるとよいものです。園の規模に合わせて、必要なものを検討しましょう。

園全体で必要となる資材

救助・ライフライン断絶に備えて

- [ ] 応急手当用品
- [ ] 救助工具
- [ ] 自家発電機
- [ ] 電池
- [ ] ロープ
- [ ] 拡声器
- [ ] 台車・リアカー
- [ ] LED投光器
- [ ] 小型テレビ
- [ ] 携帯型無線機（トランシーバー）
- [ ] ランタン（部屋の数分）
- [ ] 子どもたちの着替えなどの日用品
- [ ] ヘッドライト（職員数分）

あとかたづけのために

- [ ] ブルーシート
- [ ] ガムテープ（補修テープ）
- [ ] ゴム長ぐつ
- [ ] 耐刃手袋
- [ ] 合成ゴム手袋
- [ ] マスク
- [ ] ゴーグル
- [ ] スコップ
- [ ] 掃除道具（ほうき・ちりとり・バケツ・廃材などを入れる破れにくい袋・粘着ローラー）

衛生用品

- [ ] 簡易トイレ
- [ ] ティッシュペーパー
- [ ] ウエットティッシュ
- [ ] 抗菌・消臭剤
- [ ] ウォータータンク（ポリタンク）

食事関連

- [ ] 水（2L［500mL×4］×人数分×6日分）
- [ ] 食材とおやつ（園児・職員数×5～6日分）
- [ ] ガスコンロ・炊き出しかまど
- [ ] カセットボンベ
- [ ] 調理用品一式（調理用はさみ・まな板など）
- [ ] 使いきりポリエチレン手袋
- [ ] 食品用ポリ袋（高密度ポリエチレンの記載があるもの）
- [ ] 食品用ラップ
- [ ] アルミホイル
- [ ] 保温ポット
- [ ] 紙コップ・紙皿など使い捨て容器
- [ ] はし・スプーン・フォークなど
- [ ] 使い捨て食具

担任が持ち出す園児用持ち出し品（各クラスごと）

避難中に使うもの

- ☐ ハザードマップ
  （ 地域防災マップ ）
- ☐ おんぶひも
- ☐ だっこひも
  （ 避難用に複数人を
  だっこできるものもある ）
- ☐ 笛

- ☐ ライト
  （ 首にかけるタイプまたは
  ヘッドライト ）
- ☐ 散歩車
  （ 故障やパンクして
  いないもの ）
- ☐ ヘルメット
  （ 防災頭巾からの変更が
  おすすめ ）

避難先で使うもの

- ☐ 園備品の携帯電話
- ☐ 子ども・保護者名簿
  （ 緊急連絡先 ）
- ☐ 関係機関リスト
- ☐ アレルギー児一覧表
- ☐ 手回し式ラジオライト
- ☐ 応急手当用品
  （ はさみ・ピンセット・
  ガーゼ・包帯・ばんそう
  こう・三角巾など ）

- ☐ 非常用トイレ
  （ 子どもたちが簡単に使えるもの ）
- ☐ トイレットペーパー
- ☐ タオル類
- ☐ アルミブランケット
- ☐ 紙おむつ
  （ 預かり備品以外の予備程度 ）
- ☐ ワンタッチテント

食事関連

- ☐ おやつ
  （ 預かり備蓄以外の
  予備程度 ）
- ☐ 携帯型浄水器
- ☐ 食品用ポリ袋

- ☐ ゴミ袋
- ☐ 登山用
  カセットコンロと
  登山用鍋
- ☐ おしりふき
  （ ウエットシートの代用品 ）

【乳児クラスは下記も用意】
- ☐ 水、ミネラルウォーター
  （ 粉ミルク用軟水／ 500mLペットボトル人数分 ）
- ☐ ミルク
  （ 乳児数× 1日分、粉・キューブ・液体など ）
- ☐ 使い捨てほ乳瓶・乳首
  （ 乳児数× 1日分 ）

預かり備蓄システムで用意してもらうもの

❶～❷歳児

避難することを考えて、保育者が
まとめて持ち運べるぐらいの
小さなポーチに収納

- ☐ 食べ物
  （ 液体ミルク・
  そのまま食べられる瓶詰や
  レトルトパックの離乳食 ）
- ☐ 紙おむつ（圧縮袋に入れる）
- ☐ 着替え（上着とスタイ）
- ☐ おしりふき
- ☐ マスク
- ☐ ポケットティッシュ
- ☐ サバイバルブランケット

❸～❺歳児

子どもが背負えるぐらいの
大きさのリュックサックに収納

- ☐ 食べ物
  （ 自分で食べられるもの・
  パックごはんやふりかけ・生ものは× ）
- ☐ 飲み物（ パックのものやゼリー飲料 ）
- ☐ 着替え（ 下着とくつ下 ）
- ☐ 携帯用ウエットティッシュ
- ☐ マスク
- ☐ ポケットティッシュ
- ☐ 笛　☐ **手袋**（ 子ども用軍手 ）
- ☐ レインコート

アレルギーや好みもあり、園で子ども全員に合う備蓄品を準備する予算確保や管理は、なかなかむずかしい面もあります。その一助となるものが、保護者から災害時に必要な子どもの食料や衣類を預かる「預かり備蓄システム」です。備蓄品は夏や年末のお休みなどで中身の入れ替えをお願いすれば、保存期間の長い非常食である必要はなく、保護者の費用負担は軽くなります。3日分を想定し、お願いしましょう。

食材の備蓄と流通備蓄

すでに園内にどれだけの食材が備蓄されているか、確認しましょう。子ども、保育者、調理室の職員などの人数から必要量の計算ができます。おやつ程度の食事は「預かり備蓄システム」（➡ P.77）を活用することも可能です。

それとは別に3～6日分の簡易的な食事の備蓄も必要となります。コストや管理の面から、非常食は1日3食、2～5日分は園内にある日常の食材を活用することを考えてみましょう。日常食材の中の日持ちする食材は「流通備蓄」として、常に一定量ストックしておきます。通常使うものを多めに仕入れて、災害時の備蓄とすれば、管理しやすく、費用軽減にもなります。発災後の食事提供については、P.82でも紹介しています。

おやつ程度の食事／1日分

- [ ] 液体ミルク
- [ ] ゼリー飲料
- [ ] パックのジュース
- [ ] 長期保存のビスケットやようかんなど

簡易的な食事／3～6日分

- [ ] ペットボトルのお茶・ミネラルウォーター
- [ ] パックのジュース
- [ ] スープ（粉末・缶詰）
- [ ] 粉ミルク
- [ ] 冷蔵庫の中にあるもの
- [ ] 非常食

- [ ] 米
- [ ] 乾麺
- [ ] レトルト
- [ ] 缶詰
- [ ] 乾物類
- [ ] 瓶詰

流通備蓄でストック

保育者の備蓄も忘れずに

保育者個人の持ち出し品や備蓄を忘れがちです。おやつ程度の食事は、保育者自身もロッカーや机の引き出しなどに備蓄しておきましょう。そのほかに、コンタクトレンズの予備や歯ブラシ、生理用品など個人で必要な持ち出し品も、リュックや防災ベストに入れて座席の後ろにかけて準備しておくと、すぐに行動できます。

流通備蓄に適した食材

主食 空腹感を満たす

米（無洗米やパックごはん）、麺類（1～3分程度でゆでられるパスタやそうめんなどの乾麺が便利）

おかず たんぱく質などの栄養素の摂取

卵、総菜の缶詰（魚のかば焼き、ツナ、焼き鳥など）

野菜・フルーツ ビタミン、ミネラル、食物繊維などを摂取し、便秘や風邪を防ぐ

にんじん、たまねぎ、じゃがいも、だいこん、野菜スープの缶詰、野菜ジュース、フリーズドライの野菜、フルーツ缶詰、ドライフルーツ

乾物 ミネラルや植物性たんぱく質の摂取、味に変化をもたらす

のり、煮干し、わかめ、干ししいたけ、ひじき、高野豆腐、ふりかけ

調味料 震災後品薄になっても慌てなくてすむ

塩、こしょう、カレー粉、しょう油、みそ（栄養価が高く、ごはんに混ぜてもよい）、ソース

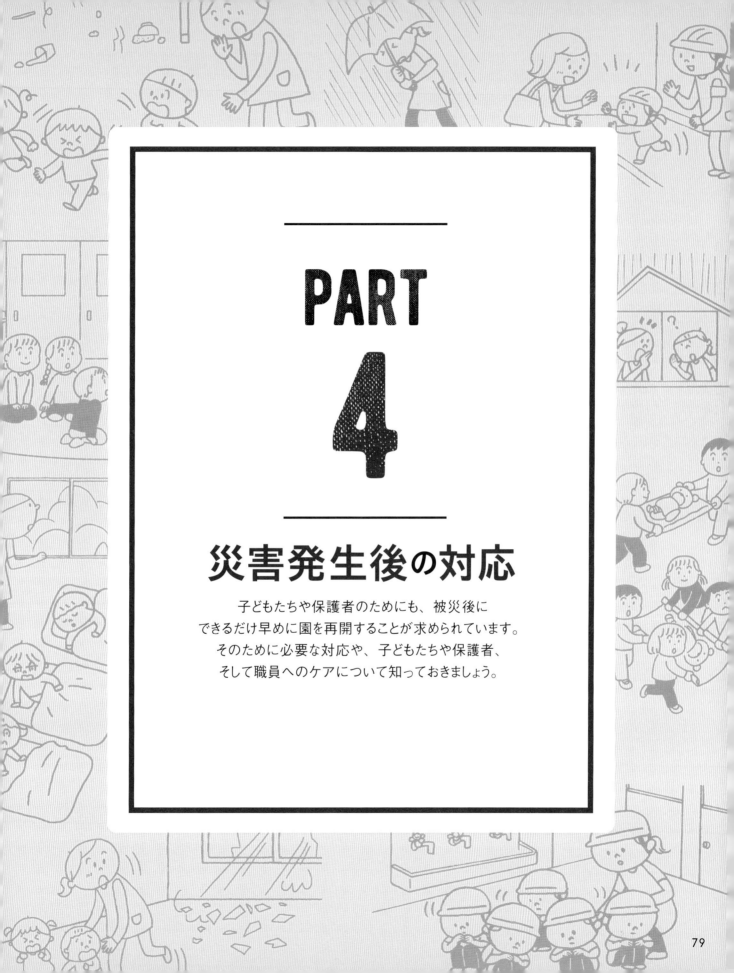

PART 4

災害発生後の対応

子どもたちや保護者のためにも、被災後に
できるだけ早めに園を再開することが求められています。
そのために必要な対応や、子どもたちや保護者、
そして職員へのケアについて知っておきましょう。

1日も早い再開を目指して

保育施設再開は、発災地全体の復興の最前線です。子どもの心のケアや、
保護者の就労再開のためにも、発災前の日常に近い生活を取り戻すことが求められます。

業務継続計画をつくり、園再開への流れを確認

　子どもや保護者のためにも、1日も早く園を再開するための準備をしましょう。建物や設備の損壊状況で、再開の時期は大きく変わります。ライフラインが止まっていたり、職員も被災したりした場合は、保育時間の短縮が必要になるかもしれません。また、2023年に厚生労働省のガイドラインで、児童福祉施設において自然災害を対象とした業務継続計画の策定や研修・訓練の実施、定期的な見直しが努力義務化されました。全日保育が可能になるまでの計画をイメージして、対応の流れを事前に準備・検討しておくことが必要です。

園再開までの流れ

❶ 建物、設備の被害状況の確認

❷ 建物の損壊

> **建物の損壊がある場合**
> 補修・建て替え・仮設園舎の計画。
> 自治体の助成・支援制度の相談

> **建物の損壊がない場合**
> 掃除や壊れた備品の買い替え

❸ ライフライン復旧までに必要な設備の調達
●照明・暖房・調理・発電機・燃料など

❹ 食事提供再開の準備 ➡ P.82
●水・食材・燃料の確保・関係機関・業者との協議

❺ 子どもとその家族の被災状況や今後の希望の聞き取り ➡ P.85

❻ 職員の被災状況や今後の就労についての聞き取り ➡ P.85

❼ 周辺道路の安全確認

❽ 再開日を決定し、保護者や自治体、関係機関に周知する

❾ 心理カウンセラー・保健師などの派遣を依頼する

園が避難所になったら……

もしも自園が避難所になったら、どのような対応をしたらいいでしょうか。
準備や心構えがない状況での対応は混乱のもとです。受け入れ方を話し合っておくと安心です。

受け入れることを想定した話し合いで準備を

避難所として指定されていなければ、避難所にならないわけではありません。指定された避難所がいっぱいで収容しきれない、損壊して機能を失った場合などの代替え施設として、地域住民が園に避難してくる可能性があります。「避難所になったら」という想定で、避難者の受け入れ方を話し合っておきましょう。

避難所になった場合は、避難住民に対して、園の安全性や衛生面の管理を徹底してもらわなくてはいけません。調理室の器具・食器を貸す可否、手洗い場を提供するのかなど、様々な点を検討しておきます。園の使命は、子どもたちを受け入れるための1日も早い再開です。入所時に退去についても説明し、トラブルを避けるための対応を心がけましょう。

受け入れの際に園が考えるべきこと

- ☐ 保育者の勤務体制や食事の確保
- ☐ 園の備品の無断使用や貴重品の盗難に対する防犯対策
- ☐ 避難所運営者と保育者の役割分担
- ☐ 避難所運営会議への参加
- ☐ 保護者からの理解・協力を得る方法
- ☐ 園の再開に伴う退去手続きについて

避難所になった場合の園を守るための例

- ☐ 火気使用に充分な注意を促し、室内では火気使用禁止の協力を得る
- ☐ 貴重品や生活用品は自己責任で管理してもらう
- ☐ 感染症や伝染病の予防のため、室内の清掃や消毒などを心がけてもらう
- ☐ 室内の換気、禁煙を心がけてもらう
- ☐ 食べ物の管理に注意してもらう
- ☐ 園の備品は使用しないでもらう
- ☐ トイレや水まわりの使用時は、衛生に注意して、使用後は掃除してもらう　　　　など

食事の提供をはじめるために

災害時の食の備えを万全にしましょう。多くの園では、発災直後の食料を備蓄していますが、
園再開後の食事提供にも重点を置き、備えておくことも大切です。

発災直後と再開後の二つに分けて、食事提供の準備を

　園での食事提供は、「発災直後の食事」と「園再開後の食事」の二つに分けて備えます。発災直後から保護者に園児を引き渡すまでの「発災直後の食事」である「おやつ程度の食事」は、「預かり備蓄システム（→P.77）」で各自が備蓄しているおやつを提供します。長期保存のビスケット、せんべいやようかんのほか、その日出す予定のおやつなどもいいでしょう。引き取りが遅れている子や帰宅困難な子には、簡易的な食事

も提供します。パックのごはんやスープの缶詰などは、カセットコンロで温められるので、おすすめです。

　また、ライフラインが使えずに食材が納品されない状態で、園を再開することもあります。そんな中でも簡易的な食事が出せるよう、備蓄品で調理可能な献立をあらかじめ5日分作成し、食物アレルギー児への対応も決めておきます。救援物資や炊き出しなど、配られる食事のアレルギー食材を確認することも大切です。

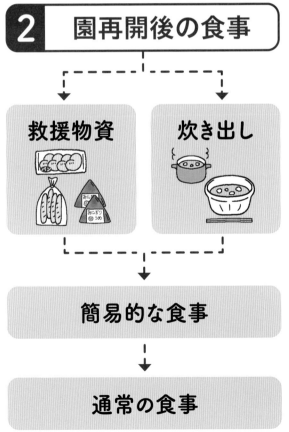

ポリ袋調理法を試してみよう

　災害時は電気、ガス、水道といったライフラインが使えない可能性がありますが、それでも食事はしなければなりません。そんなときに役立つのが「ポリ袋調理法」。もともとはプロが使う真空調理法を、家庭向けにアレンジしたものです。ポリ袋調理法のメリットは、通常の料理よりも水が少なくすむ、一つの鍋でいろいろな料理ができるなどです。災害時に水の使用が制限されたり、熱源が充分に使用できなかったりしたときでも、温かい料理を子どもたちに提供することができます。ポリ袋は、半透明の高密度ポリエチレン製のものを使ってください。災害に備えて、ポリ袋調理法を習熟しておきましょう。

用意するもの

・カセットコンロ・水・ポリ袋・皿・鍋・ボウル

ポリ袋の選び方

・食品包装用、食品、冷凍保存用などと
　表示してあるもの
・「高密度ポリエチレン」と表記してあるもの
・25cm×35cm程度のものが使いやすい

調理スタート！

1

ポリ袋に食材、調味料を入れる。

●途中で味見ができないので、調味料、油の量はしっかり計る。

2

鍋やボウルに水を入れ、1 を入れる。

3

ポリ袋をねじりながら水圧で空気を抜き、上部で口を結ぶ。

●材料は平たく均一に。量を入れすぎるとムラが出たり、ポリ袋が裂けやすくなる。

4

鍋の中のお湯に入れる。

●ポリ袋が鍋肌にふれないよう、鍋底には皿を敷く。
●吹きこぼれないように、鍋の水は6割程度で。

5

＼完成！／

適した時間、温めたら完成。

豆知識

　ごはん1合分（米1カップ、水180mL）は、沸騰した湯の中に約20分入れ、火を止めて10分蒸らすと炊きあがります。

被災後の心のケアを考える

大災害を経験すると、大人も子どもも少なからず心に傷が残ります。発災後に保育者と保護者が子どものために何ができるか、また職員と保護者の心のケアについても考えます。

やるべきことは多いが子どものケアを第一に

発災した直後は、子どもの安否確認、ケガ人の救護、避難先の判断など、保育者の仕事は山積みです。そんな状況下であっても常に子どもの心のケアを忘れないようにします。子どもの表情や行動を観察し、声かけや手をつなぐなど様々に対処することを心がけましょう。早めの対処が、子どもの不安を軽くすることにつながります。

また、保育者も被災者の一人です。保育者がダウンしてしまえば子どものケアもできません。体を休ませ無理しないことを心がけましょう。被災したときの体験や気持ちを仲間同士で話すだけでも、気持ちの整理に役立ちます。感情を抑え込むと、心身に支障をきたします。おかしいと思ったら専門医に相談しましょう。

《 心のケア　チェックリスト 》

子ども用

- ☐ 夜中に目を覚ます
- ☐ トイレのしつけがうまくいかない
- ☐ 赤ちゃん返りが見られる
- ☐ 大きな音に驚く
- ☐ 世話をする人にまとわりつく
- ☐ 急に体を硬くする
- ☐ 体験した出来事をくり返し話す
- ☐ ぐずったり、泣きわめくなど扱いにくくなる
- ☐ 無言になる
- ☐ 表情が乏しくなる
- ☐ 体験を再現するような遊びに友達を巻き込む
- ☐ 元気がなくなり、今までのように遊ばない
- ☐ 眠ることや夜一人になるのを怖がる
- ☐ 体の痛みや具合の悪さを訴えて診察を受けても異常がない
- ☐ ものごとを思い通りにしたがる
- ☐ 季節や祝祭日が引き金になって記念日反応（※）が起こる

大人用

- ☐ 頭痛、不眠、食欲不振が続いている
- ☐ 腹痛、便秘、下痢などの症状が続いている
- ☐ 些細なことでイライラする、驚く、涙もろくなるなどの感情の起伏が激しい
- ☐ 体験したことに関連した話題を避けようとする
- ☐ 眠れない、うなされる、怖い夢を見るなどの症状がある
- ☐ 寝てばかりいる
- ☐ 出来事のフラッシュバックがある
- ☐ 元気がなく、ひきこもりがちである
- ☐ 一人でいられない
- ☐ 非常に緊張している（安心、ゆったりとした気持ちになれない）
- ☐ 集中力がなくぼーっとした状態がある

※記念日反応とは……衝撃的な出来事の1年後、その報道などに反応する症状。忘れかけていたことを思い出し、気分が滅入ったり、怒りが込みあげてきたり、眠れなくなったりすること。

参考資料：公益社団法人　日本小児科医会

子どもと保護者へのケア

保護者に生活状況を確認する

自宅の被害の程度や避難所にいるかどうか、仕事や生活の様子など保護者の生活状況をヒアリングします。状況により、自宅や避難所に直接行って話すのもいいでしょう。経済的な悩みを相談されたときは、法テラスやハローワークなど、具体的な相談窓口を伝えれば信頼関係が深まり、子どものケアにもなります。

災害時でも口腔ケアは忘れずに

被災生活では食事時間・回数が不規則になり水が充分に得られず、歯みがきがおろそかになりがち。乳歯が虫歯になると歯茎を傷め、永久歯にも影響を与えるため、子どもたちの歯はしっかりと守りたいものです。歯みがきシート、ぬらしたガーゼ、液体歯みがきなどを用意して、断水時でも歯みがきができるようにしましょう。歯ブラシがあれば、長めにブラッシングするだけでも効果があります。

生活のリズムを整えていく

避難所や被災した自宅での生活で、子どもも様々なストレスを抱えていきます。園にいる時間は通常通りに過ごせるよう、環境を整えることも大事です。食事やおやつ、午睡などはふだんと同じ環境と時間を確保し、生活のリズムを整えていきます。また、活動や遊びのときは、一斉での活動は避け、子どもが自発的に個々で遊べるようにしましょう。

「ダメ」「がんばって」は禁句!

ストレスからものを乱暴に扱うなどの姿が増えることがあります。してはいけないことをしたときは、「ダメ!」と叱らずに、行動の裏にある思いを探り、受け止めることも必要です。また、元気のない保護者に「がんばって」と言いがちですが、逆効果になることも。被災体験を聞き、共感することが大切です。

怖い・不安な気持ちを受け止める

災害時の子どもの恐怖と不安は、大人が考える以上のものがあります。園にいる時間は保育者が子どもたちの不安な気持ちをしっかり受け止めましょう。同時に、「大丈夫だからね」「そばにいるからね」などと声をかけ、動揺している子をしっかり抱きしめます。ただし、「もう大きな地震はないから大丈夫」などと、根拠のないことを話すのはやめましょう。

職員へのケア

被災状況の把握と職員への配慮

被災後、出勤可能な職員はあとかたづけに追われ、保育再開に向けて様々な作業をすることになります。園長や主任が保育者の被災状況をヒアリングして、勤務体制をつくり直すことも必要です。それぞれの家庭の事情があり、ほかの職員の前では話しづらいこともあるので個別でヒアリングを。被災状況だけでなく、支援についても相談できれば、安心につながります。

経済面での不安を解消する

園が存続するのか、復旧作業の残業代はつくのか、勤務体制が変わると給料は減額するのか……、経済面での不安は被災後のストレス要因に。園はできるだけ早い段階で今後の経営について、説明する必要があります。その時点で、詳細が決まらなくても、給料や残業代について考える姿勢を伝えるだけでも前向きになれるはずです。経済的な支えは大きな安心感をもたらします。

頼れる機関を知っておこう

この章のはじめで業務継続計画の策定の重要性をお伝えしましたが、計画の中で関係各所との連携・災害の情報収集先をリスト化しておくことも必要です。それぞれの地域に合わせて窓口や担当を調べておけば、いざというとき慌てずに対応できます。

行政など

- 自社（法人）グループ
- 保育連盟／協会
- 市区町村自治体 管轄部署
- 都道府県 管轄部署
- 管轄児童相談所
- 子ども担当の児童相談所
- 管轄保健所
- 管轄消防署
- 管轄警察署

医療

- 嘱託医
- 看護師
- 協力医療機関

近所の学校

- 小学校
- 中学校
- 高等学校

協力業者

- 保育関係業者とその代理店
- 清掃業者
- リネン業者
- 食材関係業者
- 設備関係業者
- メンテナンス関係業者
- 燃料関係業者

その他

- 地域の自治会
- ボランティア団体
- ボランティアの方
- 児童の保護者など
  （園児名簿としてまとめておく）

※－－－のある機関や関係者は被災後優先的に連絡するところです。

情報収集先

【気象】
- 気象庁 防災情報　https://www.jma.go.jp/jma/index.html

【防災情報】
- 内閣府 防災情報のページ　https://www.bousai.go.jp/
- 都道府県 防災情報のページ
- 市区町村 防災情報のページ

【自治体】
- 市区町村 ホームページ
- 都道府県 ホームページ
- 管轄 福祉保健関連部署

【ライフライン】
- 管轄の水道局
- 管轄の電力会社
- 管轄のガス会社

【支援団体】
- 全国社会福祉協議会　https://www.shakyo.or.jp/index.html
- 全国保育協議会　https://www.zenhokyo.gr.jp/
- 日本保育連絡協議会　https://nichihoren.jp/home/
- 全国私立保育連盟　https://www.zenshihoren.or.jp/
- 日本財団　https://www.nippon-foundation.or.jp/
- 日本財団ボランティアセンター　https://www.volacen.jp/

支援が必要なときは……

被災後、園再開に向けて自園だけではどうしようもないことも出てきます。誰にどうやって助けを求めたらいいのかも事前に調べておくと安心です。都道府県の協議会・連合会・連盟などの保育関連団体、NPOの災害支援団体、各自治体で立ちあげたボランティアセンター、企業団体など様々な窓口があります。

人的支援 を受けたい

水害による汚泥の除去や、地震によって壊れたものの運び出しなど、人手が必要なときは、ボランティアセンターに申し込みます。ボランティアセンターとは、各地の支援者を受けつけてまとめ、被災地へ派遣する窓口です。都道府県の全国社会福祉協議会が中心となり、被災後1～2週間で開設されます。ほかには、全国保育協議会・日本保育連絡協議会・全国私立保育連盟など、園が加盟している団体です。日本財団やNPO法人なども窓口になります。

物資の支援 を受けたい

園再開に向け、必要な物資の支援を受けたいときは、上記の団体はもちろん、保育関連学会などの研究機関、保育者養成校、自治体と災害協定を結んでいる企業に支援を要請してみるのも一案です。また、災害時に支援団体が立ちあげるクラウドファンディングもあります。クラウドファンディングのサイトをチェックして、ファンドを立ちあげている団体に依頼してみてもいいでしょう。

専門性の高い支援 を受けたい

あとかたづけ作業で重機が必要になったり、建物の修繕があるときは、人的支援を申し込む際に、専門技術者の支援を要請しましょう。また、園再開となったとき、被災した保育者が休職する場合、保育関連団体に保育者の派遣も依頼してみましょう。保育者養成校で保育者を目指す学生の協力を仰ぐのも一案です。

地域の助け合い も大切に

災害規模の状況により、支援が届くまで時間がかかることもあります。その際は、保護者や地域の自治会の人に協力を仰いでみましょう。日ごろからお互いの避難訓練に参加したり、園の行事に招待したりして、交流を深められるといいですね。近隣の園同士で協力し合うことも大切です。

著者
国崎信江

株式会社危機管理教育研究所 代表、危機管理ア
ドバイザー。20年以上にわたり女性、生活者の
視点で防災・防犯・事故防止対策を第一線で提唱
している。国や自治体の防災関連委員を務めるほ
か、講演活動やテレビ・新聞などでの情報提供や、
被災地での支援活動をおこなっている。

園防災新常識

2024年4月1日 初版発行

著者／国崎信江
発行人／竹井 亮
発行・発売／株式会社メイト
　　　　　〒114-0023 東京都北区滝野川7-46-1
　　　　　明治滝野川ビル7・8F
　　　　　TEL 03-5974-1700（代表）
製版・印刷／光栄印刷株式会社

本書の無断転載は禁じられています。
©Nobue Kunizaki 2024 Printed in Japan
ISBN978-4-89622-507-5 C3037

STAFF

編集・執筆協力　茂木奈穂子（PART 3）
本文デザイン　ohmae-d
本文イラスト　みや れいこ・ササキ サキコ・徳宮なっつ
カバーデザイン　山口喜秀（Q.design）
カバーイラスト　まつしま ゆうこ
編集　香山倫子・三原亜矢

写真協力／株式会社危機管理教育研究所
　　　　　益城町立第三保育所（熊本県上益城郡）
　　　　　なのはな保育園（熊本県上益城郡）
　　　　　福岡区自主防災会（長野県駒ヶ根市）